GAËLLE RIBIÈRE JEANNE RIBIERRE DEWI BUSSARD MARIE RONDEAU

EVEIL & conseil

MA PARENTALITÉ SANS TABOU

Mon guide de grossesse et post-partum

De Boeck Supérieur
5, allée de la Deuxième Division blindée
75015 Paris

Maquette de l'intérieur et mise en pages par Anne Bordenave

Réalisation des dessins et maquette de la couverture
par www.clemencedebesombes.com

Photos des auteurs par Stefani Guenn

Dépôt légal :
Bibliothèque nationale de France : janvier 2022
Bibliothèque royale de Belgique : 2022/13647/027

SOMMAIRE

LES AUTEURES

Gaëlle Ribière

Je suis Psychomotricienne diplômée d'État, spécialisée dans la petite enfance. Attentive à la prévention, j'ai exercé 9 ans en pédiatrie et plus de 11 ans en cabinet libéral. J'accorde beaucoup d'importance à l'accompagnement des familles : répondre à leurs questions et inquiétudes tout en leur délivrant des préconisations autour du développement psychomoteur de leur enfant. Apporter un regard croisé sur le développement de l'enfant et sa famille me semble essentiel, c'est pour cela que j'ai créé le collectif Éveil & Conseil en 2017 !

Jeanne Ribierre

Je suis Psychologue clinicienne, spécialisée en périnatalité et en psychopathologie du jeune enfant. Sensible aux questions de parentalité, notamment l'éducation positive et le développement psychique de l'enfant, j'exerce en cabinet libéral et en crèches. En plus des consultations pour parents et enfants, j'effectue un travail de prévention au sein de crèches et d'accompagnement des professionnels de la petite enfance.

Dewi Bussard

Je suis Pédopsychiatre, responsable d'une unité parents-bébé dans un établissement de santé public. J'ai à cœur d'accompagner les enfants, les parents ainsi que les parents en devenir. Parce que les tout premiers liens peuvent avoir un impact sur la construction de l'enfant, et parce que devenir parent est un chamboulement, il m'apparaît important d'informer et d'accompagner les familles dans leur parentalité. S'occuper des bébés et de leur parent c'est aussi s'occuper de la société de demain.

Marie Rondeau

Je suis sage-femme échographiste avec plus de 10 ans d'expérience en obstétrique. J'accompagne les femmes du début de leur grossesse jusqu'aux premières semaines après leur accouchement. Mon objectif est d'apporter un maximum de sérénité aux futurs parents et de préparer avec eux leur post-partum dans les meilleures conditions.

AVANT-PROPOS

Être parent aujourd'hui, voilà un sujet qui nous passionne ! Les connaissances scientifiques actuelles sur le développement de l'enfant (apportées notamment par les neurosciences) permettent de savoir comment mieux accompagner son bébé et l'aider à bien grandir. Cependant, il existe beaucoup de façons d'envisager la parentalité car, si les sciences s'accordent sur le sujet, l'expérience des parents et la pluralité des approches éducatives peuvent déboussoler. En plus, on observe ces dernières années une certaine libération de la parole et une levée des tabous : la parentalité n'a jamais été autant débattue, décortiquée qu'aujourd'hui. Et c'est tant mieux !

Notre société est soumise à la concurrence et au culte de la performance individuelle. Tout va plus vite, la société évolue rapidement et nous perdons les repères transmis par les générations antérieures. Cela a forcément un impact sur la parentalité. Alors que nous sommes connectés partout et tout le temps, la solitude s'est paradoxalement invitée dans notre quotidien et les jeunes parents ne bénéficient pas toujours du soutien et de la présence de leurs proches. Par exemple, l'éloignement des familles isole souvent les jeunes parents. Il est de plus en plus courant de ne pas pouvoir compter sur sa famille proche pendant son post-partum alors même que les données scientifiques nous montrent l'importance de ces liens, de ce maillage autour de la nouvelle famille qui se constitue. C'est ce que nous rappelle ce proverbe africain : « Il faut tout un village pour élever un enfant. » Par ailleurs, notre société valorise l'action et la réussite individuelle, ce qui ajoute une pression supplémentaire sur les épaules des jeunes parents et peut les dissuader de demander de l'aide, car un besoin d'aide peut être vécu comme un aveu d'échec. On se rend alors vite compte que l'évolution de notre société et les besoins des familles ne sont pas toujours compatibles.

Or, la parentalité est une période si précieuse de la vie, autant pour les parents que pour les enfants ! Notre souhait est donc d'accompagner les familles qui se construisent, en les soutenant au maximum pour que les enfants grandissent dans un environnement serein. Mais ce n'est pas tout, nous espérons aussi apporter une petite pierre à l'édifice pour essayer de faire changer la société de façon adaptée à la parentalité. C'est l'ambition d'Éveil & Conseil, car nous sommes convaincues que le partage de l'information et la prévention par des professionnels de santé permettent de mieux comprendre le développement de l'enfant. Ces éclairages sont le point de départ d'une parentalité plus accomplie et confiante. Notre pluridisciplinarité nous permet de ne pas nous enfermer dans des pensées « anti- » ou « pro- », mais au contraire de mettre en commun nos connaissances du développement de l'enfant et de « prendre en compte » la singularité de chaque parentalité !

En écrivant ce livre, nous ne voulons pas vous donner de mode d'emploi, tout simplement car il n'en existe pas. Nous souhaitons plutôt vous transmettre les connaissances obtenues par nos visions transversales afin de vous aider à trouver la parentalité qui vous corresponde. Pas de baguettes magiques donc, mais des conseils avisés et de l'information abordée sans tabou pour des choix éclairés !

CHAPITRE 1

La préparation à la parentalité

1
Se préparer à devenir parent

Quand ils pensent à la venue au monde de leur bébé, les parents songent au matériel à acheter, aux grandes questions d'éducation qui se poseront à eux… mais peu ou pas à ce qu'ils peuvent faire *avant* la naissance. Pourtant, il est capital de préparer sa parentalité dès la grossesse, car cela permet d'éviter une multitude de petites angoisses le jour de l'accouchement et d'anticiper vos premiers moments dans la parentalité. Vous serez alors plus sereins dans la rencontre avec votre bébé et dans vos premiers pas en tant que parents.

1.1. PRÉPARER SON ESPRIT

Alors que le corps se modifie bruyamment (nausées, trouble du sommeil, modification corporelle), le bouleversement psychique de la grossesse est souvent oublié. Or, ce chamboulement émotionnel, dont on parle peu, peut mettre en difficulté les futurs parents. Se préparer psychiquement à la parentalité est donc fondamental. Malheureusement, en France, il est encore trop peu souvent proposé d'accompagnement psychique alors que la grossesse est très bien suivie sur le plan médical (échographies, rendez-vous médicaux, examens biologiques).

Choisir et s'entourer de professionnels de référence

N'ayez pas peur d'aller voir plusieurs professionnels différents afin de choisir celui avec qui vous serez le plus à l'aise. Obstétricien, sage-femme, ostéopathe, kinésithérapeute, médecin généraliste, cela est valable pour tous ! S'entourer de professionnels en qui vous avez confiance permet non seulement d'être plus sereins tout au long de la grossesse mais aussi de pouvoir se reposer sur eux si l'on vous donne des avis contradictoires. En effet, il y a autant de pratiques médicales que de professionnels et les avis ne sont pas toujours unanimes. Et il n'y a rien de plus déstabilisant pour des futurs ou jeunes parents qui veulent le meilleur pour leur enfant.

N'oubliez pas qu'il n'y a pas qu'une seule bonne manière de faire et qu'il est important de trouver celle qui vous correspond puisque chaque personne, chaque couple et chaque famille est singulier. Comment faire le bon choix ? L'essentiel est de développer un lien de confiance avec vos thérapeutes et de pouvoir vous fier à eux. Ce lien peut mettre du temps à se tisser, alors n'attendez pas l'accouchement, commencez dès la grossesse la quête de votre équipe soignante !

Choisir une ou des personnes-ressources

De même qu'il est important de choisir les professionnels qui vont vous accompagner dans votre parentalité, il est important de s'entourer de personnes-ressources.

Qu'est-ce que c'est ?

- Il s'agit **de proches, membres de la famille ou amis** avec lesquels vous allez pouvoir partager les moments phares de votre grossesse, les petits et grands tracas (votre fatigue, vos nausées, vos doutes ou inquiétudes) mais aussi les petits et grands bonheurs. Ces moments singuliers que l'on traverse pendant les premiers mois de la grossesse méritent d'être partagés.
- Ce sont **des personnes bienveillantes qui partagent la même vision que vous de la parentalité** dans son ensemble et qui ne vont pas vous juger. Des personnes qui vont savoir vous écouter et vous conseiller si vous le demandez, tout en respectant vos croyances, vos opinions. Partager ce que vous vivez vous fera vous sentir entouré. Vous reposer sur des personnes qui sont proches de vous et en qui vous avez confiance vous aidera beaucoup.

Compter sur une ou des personnes-ressources dès le début de la grossesse peut s'avérer tout à fait nécessaire dans certains cas. Par crainte de la fausse couche, ou si l'on a dû avoir recours à une aide médicale pour concevoir le bébé à naître, nous avons tendance à ne pas parler de sa grossesse avant la fin du premier trimestre.

Et si, malheureusement, la grossesse aboutit à une fausse couche, les parents se retrouvent très seuls dans cette épreuve et ce deuil. **Il ne s'agit donc pas de révéler sa grossesse à tout le monde mais à certaines personnes choisies** qui sauront vous épauler en cas de coup dur, de questionnement ou d'événement malheureux.

Vos personnes-ressources seront sans doute également des personnes sur qui vous pourrez vous appuyer après l'arrivée de votre bébé. Identifier et créer ce lien de confiance dès la grossesse vous aidera plus facilement à vous sentir entouré, à partager ce que vous vivez. Pour votre entourage aussi cela pourrait être une aide. En laissant une place privilégiée à vos personnes-ressources dès la grossesse, elles pourront se sentir proches et impliquées dans l'accueil de votre bébé. Il n'est pas toujours facile pour les proches de venir en soutien aux jeunes parents, de peur d'être maladroit, d'être envahissant ou de ne pas se sentir à la bonne place. S'ils perçoivent que vous êtes fragiles ou en difficulté, ils peuvent craindre de vous culpabiliser en vous proposant de l'aide. **N'hésitez donc pas à les solliciter en créant des moments privilégiés**, et à partager ce que vous vivez. Cela sera bénéfique pour vous, vos proches mais aussi pour votre enfant.

Ma liste

DE PERSONNES-RESSOURCES

....	....
....	....
....	....
....	....
....	....
....	....
....	....
....	....
....	....

Se préserver de certains discours

Tu as un gros ventre dis donc ! Tu es sûre de ne pas avoir des jumeaux ?

Ça doit être un petit garçon. Tu le portes bas.

Peut-être l'avez-vous déjà expérimenté, lorsqu'on est enceinte ou que sa conjointe attend un enfant, cette grossesse tombe dans le domaine public ! C'est-à-dire que chacun pense pouvoir conseiller, critiquer, juger la façon dont les futurs parents découvrent leur nouvelle parentalité. Certains vont même jusqu'à s'approprier le ventre de la future maman en le touchant à outrance ou sans demander la permission. Si cela vous dérange, n'hésitez pas à refuser.

Il est très important de se préserver des discours envahissants et des projections d'autrui. Une grossesse constitue une période de la vie si particulière et remplie d'émotions, que tout le monde aura envie de partager la sienne propre avec vous, qu'elle fût agréable ou non. Vous entendrez sans doute des remarques comme : « Tu sais, moi, le meilleur moment de ma grossesse, ç'a été la fin ! » Il ne tient pourtant pas à la future maman d'écouter cela… De plus, il faut savoir que ce qui fonctionne pour certains ne marche pas pour d'autres. Soyez donc à l'écoute de vos sensations, de vos émotions et de vos envies profondes. Et n'hésitez pas à vous protéger des discours qui peuvent vous déranger. Prenez plutôt appui sur des personnes bienveillantes de votre entourage comme peuvent l'être vos personnes-ressources.

LES ÉMOTIONS, QU'EST-CE QUE C'EST ?

—

Les émotions sont des réactions neurologiques et physiologiques spontanées, déclenchées par un événement extérieur spécifique. Elles entraînent des manifestations corporelles (cœur qui s'emballe, sueurs, souffle coupé, un nœud dans la gorge...) et psychologiques. Il existe six émotions de base qui apparaissent progressivement à la naissance : joie, tristesse, peur, colère, dégoût, surprise. D'autres émotions apparaissent plus tard comme la jalousie, la gêne, etc.

Ces réactions du corps permettent de s'adapter à la situation vécue et d'agir en conséquence afin de retrouver notre équilibre/bien-être.

Par exemple, si l'on vit une situation que nous percevons comme dangereuse, la peur survient et nous permet de prendre la décision de fuir. Elles ont également leur importance dans les relations aux autres et notamment dans les habiletés sociales. Les émotions sont donc nécessaires et il faut les laisser s'exprimer.

Ces réactions sont spontanées, c'est-à-dire que nous ne les contrôlons pas, qu'elles sont involontaires. Chaque émotion entraîne une réponse qui est propre à chacun. Il est important de veiller à nos réponses émotionnelles, et qu'elle ne soient pas envahissantes pour soi ou pour les autres.

Alors que faire de ses émotions ?

- X Apprendre à les reconnaître, les identifier et mettre des mots dessus. Cela permet d'être plus à l'écoute des émotions des autres. En tant que parents cela va s'avérer très utile pour comprendre ce que traverse notre tout petit.
- X Reconnaître ses propres émotions permet d'être plus à l'écoute des émotions des autres, et cela va s'avérer utile en tant que parents.
- X Apprendre à les accueillir, c'est-à-dire à laisser l'émotion surgir et s'exprimer sans essayer de la masquer.
- X Apprendre à les accepter. C'est indispensable pour savoir si la situation que l'on vit nous convient ou non, et cela nous permettra de connaître nos besoins.
- X Apprendre à les partager avec son conjoint, son entourage.
- X S'approprier des techniques pour s'apaiser : sophrologie, méditation, cohérence cardiaque...

Pendant la grossesse, les émotions sont souvent exacerbées par les hormones (pour la femme), mais aussi par le sentiment d'ambivalence qui est très présent dès le début. Cette ambivalence réside dans le fait que l'enfant est très attendu, mais vient perturber un équilibre de couple auquel il est difficile de renoncer. **Les futurs parents ressentent vite que leur vie, leur quotidien vont changer et que les choses ne pourront plus être comme avant.** Ce sentiment d'ambivalence est universel et soulève des questions. L'enfant peut être bel et bien désiré, ce n'est pas pour autant que les parents ne seront pas assaillis de doutes et d'angoisses. « Est-ce que nous serons à la hauteur ? Est-ce que nous sommes prêts à renoncer à notre vie à deux ? Est-ce que c'est le bon moment ? Est-ce que nous avons fait le bon choix en décidant d'avoir cet enfant ? » Se poser ce genre de question est parfaitement normal, et cela ne doit pas vous gâcher la vie.

Les angoisses lors de la grossesse peuvent aussi porter sur le corps qui change, sur les douleurs physiques liées à la grossesse, sur l'accouchement (crainte de l'épisiotomie, peur de la douleur, angoisse de la césarienne, etc.) ou sur le bébé (par exemple, la peur qu'il lui arrive quelque chose, la crainte de le perdre, l'angoisse de la maladie ou de la malformation, d'avoir une fille ou un garçon).

Mes exercices

POUR ME CONNECTER À MES ÉMOTIONS

—

- **Exercices de cohérence cardiaque** (à faire 3 fois dans la journée : 6 respirations en une minute, à faire pendant 5 minutes).

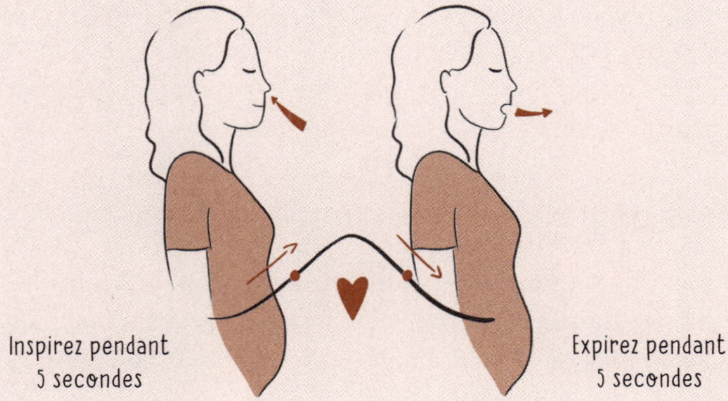

X Exercice de conscience corporelle

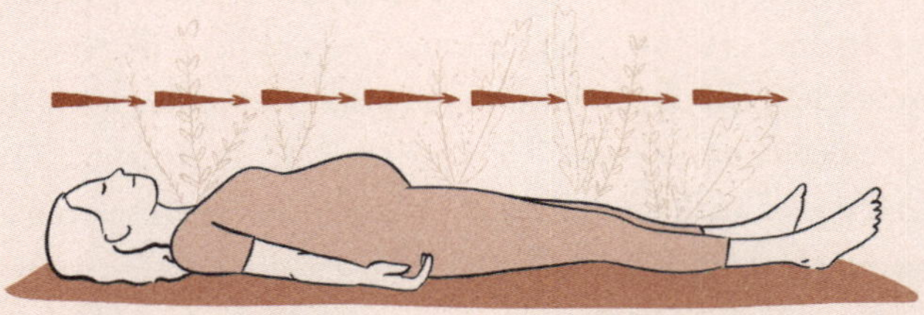

Allongez-vous confortablement au sol, prenez le temps de prendre conscience des différents points d'appui avec le sol. Fermez les yeux et imaginez-vous dans un lieu agréable. Sentez la chaleur vous entourer, vous réchauffer, peut-être sur quelques parties de votre corps uniquement. Accueillez cette sensation. Puis prenez conscience doucement de votre tête en contact avec le sol, descendez le long de votre cou, ressentez vos épaules, vos bras, vos mains. Reprenez au niveau de votre nuque et descendez le long de votre colonne vertébrale. N'hésitez pas à vous replacer si vous en ressentez le besoin. Prenez conscience du contact de votre bassin avec le sol , de vos cuisses, de vos mollets et de vos pieds. Vous pouvez, si cela vous aide, visualiser une couleur, qui descend le long de votre corps. Vous pouvez également mettre de la musique en fond si cela vous guide.

En revanche, si certaines angoisses sont trop envahissantes et qu'elles deviennent difficiles à gérer, c'est le moment de demander de l'aide et de s'entourer des professionnels que vous avez choisis ainsi que des personnes-ressources. Gardez en tête que les émotions censurées restent ancrées dans le corps et ne sont pas évacuées. Elles risquent donc de revenir à la naissance de façon plus intense encore, ou lors d'un événement de vie difficile, d'une future grossesse.

Neuf mois pour se préparer psychiquement

Devenir mère est un processus complexe, une période riche en émotions où de grands bouleversements s'opèrent. Neuf mois sont nécessaires pour s'y préparer, ça ne vient pas en un jour car c'est un processus qui permet une construction identitaire : celle du « devenir-mère ».

> C'est le bébé qui fait naître ses parents.
>
> *Dr Serge Lebovici*

Comme on parle de trois trimestres de grossesse physique, on peut également observer cette temporalité pour les remaniements psychiques. Ils sont plus ou moins intenses chez les futures mamans mais toujours nécessaires à la construction identitaire de la mère.

Au cours du 1er trimestre de grossesse, la future maman n'a pas de représentation psychique de l'enfant. C'est une période de doutes, d'ambivalence et souvent d'angoisses, assez déstabilisante. Cette perte de repères est normale et nécessaire à la transformation de la femme en mère et du couple en parents. Pendant les trois premiers mois, les futures mamans sont également centrées sur les modifications de leur quotidien dues à la grossesse. Ce recentrement sur soi peut réveiller des souvenirs, des réminiscences de leur propre enfance : la femme enceinte se souvient de la façon dont elle a été portée, dont on a pris soin d'elle, dont elle est devenue jeune fille, adolescente puis jeune femme.

Témoignage

Marie

27 ans, enceinte de son premier enfant.

« Je n'ai jamais été très à l'aise lors des voyages en train mais depuis que je suis enceinte je ne peux plus supporter de prendre le train. Lorsque nous sommes allés voir mes parents à Marseille, j'ai fait des grosses crises d'angoisse dans le train, mon conjoint a dû demander de l'aide tellement il n'arrivait pas à me rassurer. En discutant avec ma mère, j'ai appris que j'étais déjà inquiète lors des trajets en train quand j'étais enfant… enfin vers mes 8 ans m'a-t-elle dit. Quelque temps après je me suis souvenue d'un appel qu'elle avait reçu alors que nous étions toutes les deux dans le TGV, j'avais 7 ans. C'était ma grand-mère qui lui annonçait que mon grand-père était mort brutalement. Elle ne m'avait rien dit, mais je l'ai alors vue livide et silencieuse pendant le reste de ce trajet. J'ai appris le soir que mon grand-père avait eu un accident, on n'avait jamais parlé de ce coup de téléphone. »

Ces premiers mouvements psychiques correspondent à la mise en place de la « transparence psychique », comme la désigne la psychiatre Monique Bydlowski. En quelques mots, cela signifie que pour accepter et faire de la place au bébé à venir, le psychisme maternel fait tomber des barrières, des défenses, suite à quoi les événements refoulés dans notre inconscient remontent à la surface (on appelle cela la « levée du refoulement »). Des événements éventuellement non résolus de notre passé resurgissent de notre inconscient. Les souvenirs du passé viennent plus facilement à la mémoire lorsque la femme est enceinte. Il est par exemple fréquent que la future maman rêve davantage ou se remémore des événements de son enfance dont elle n'avait pas souvenir.

Cette période de remaniement psychique fragilise aussi beaucoup la femme qui se sent vulnérable et fait face à des angoisses qui, jusqu'alors, étaient refoulées, « maintenues » dans l'inconscient, jusqu'à connaître de véritables résurgences traumatiques. C'est donc la période idéale pour entamer un travail sur soi, pour résoudre des conflits antérieurs ou apprendre à mieux se connaître. Cela vous permettra notamment de fixer vos limites plus clairement et ainsi de mieux savoir ce qui vous tient à cœur dans l'éducation de votre enfant. Parfois, quelques séances avec un psychologue peuvent être suffisantes pour se libérer de ses maux.

Progressivement, à partir du 2e trimestre de grossesse, les modifications du corps se font sentir. La maman commence à sentir l'enfant bouger, ce qui permet de faire émerger une représentation de l'enfant. Il s'agit d'un enfant imaginaire que la future mère commence à rêver, à penser et elle peut parfois déjà se projeter. C'est également la période où le sexe du bébé peut être connu.

Puis, au cours du 3e trimestre, la femme enceinte commence à préparer le nid du bébé. Il lui est alors possible d'envisager de se séparer de son bébé lors de l'accouchement. Ça peut être le moment où la maman prépare sa valise de maternité !

Le phénomène de transparence psychique se poursuit toujours. En parallèle, la future maman se trouve dans un état de sensibilité très spécifique qui se développe progressivement au cours de la grossesse. Le pédiatre Donald Winnicott a nommé cet état « préoccupation maternelle primaire ». Cet état psychique particulier permet à la jeune maman de centrer ses préoccupations sur son bébé. Après l'accouchement, ce phénomène se maintient encore quelques mois, la mère est dans un état de vigilance qui permet de faciliter les soins, le lien d'attachement et le *bonding*.

Le *bonding* est le lien émotionnel que le parent développe envers son enfant. Dans l'autre sens, l'enfant développe un lien d'attachement envers ses parents. Bien évidemment la qualité du *bonding* va avoir un effet sur la qualité de l'attachement et vice versa. Favoriser ce *bonding* dès la grossesse est donc important pour que la relation mère-bébé soit la plus sereine possible dès la naissance. Pour cela, n'hésitez pas à parler à votre bébé, à le « toucher » à travers le ventre. Dans le chapitre « Le bébé » (page 130), nous vous donnons des astuces pour favoriser ce lien.

La dépression anténatale

Avec tous ces remaniements corporels et psychiques, nous savons que le péripartum (grossesse, accouchement et post-partum) est une période de grande vulnérabilité psychique pour les futures mamans. En effet, 15 à 20 % des futures mères souffriraient de dépression anténatale et 15 à 50 % de troubles anxieux.

Les symptômes de la dépression anténatale passent souvent inaperçus car ils peuvent être confondus avec les troubles de la grossesse. Par ailleurs, certaines femmes éprouvent de la honte ou n'osent pas demander de l'aide ou parler de leur angoisse de peur d'être jugées. Ces éléments rendent difficile le repérage de cette souffrance, et l'anxiété des femmes enceintes reste trop peu souvent prise en charge, laissant ces futures mamans, voire ces futurs parents seuls face à leurs inquiétudes.

Intervenir le plus précocement, avant même l'apparition de difficultés qui s'installent, et pouvoir proposer un accompagnement et un soutien à ces nouvelles familles, est pour nous un enjeu de santé publique, quand on sait l'efficacité de ces actions pour les parents mais aussi pour les bébés. En effet, cette souffrance pendant la grossesse peut avoir des conséquences tant sur la femme enceinte que sur son conjoint, et également sur le bébé en devenir.

Les conséquences de la dépression anténatale

Pour la future maman

Ces difficultés peuvent avoir des répercussions sur le déroulement de la grossesse : un suivi de grossesse moins bon, une prise de poids insuffisante, des risques deux fois plus importants d'accouchement avant terme ou de retard de croissance *in utero*.

Dans plus de la moitié des dépressions du post-partum, sont retrouvés des symptômes anxieux ou dépressifs passés inaperçus pendant la grossesse. Il est donc nécessaire de pouvoir repérer ces troubles dès la grossesse afin de proposer une prise en charge le plus précocement possible et de vous protéger de la dépression du post-partum.

Pour le bébé

Nous savons aujourd'hui qu'un stress prolongé induit une libération de cortisol prolongée *in utero*, ce qui entraîne des conséquences néfastes sur le bébé et son développement.

Pour le coparent

La dépression pendant la grossesse peut affecter le coparent. Il peut se retrouver en difficulté pour accompagner, comprendre et soutenir sa compagne. Cela peut mettre à mal la communication dans le couple et engendrer des conflits plus fréquents.

Comment la dépression anténatale se manifeste-t-elle ?

Le stress modéré, la fatigue, les troubles du sommeil, le changement d'humeur sont des symptômes normaux pendant la grossesse. Mais ils peuvent également constituer des symptômes de dépression anténatale s'ils sont plus intenses ou durent longtemps. Il est donc important d'évaluer le retentissement et l'impact de ces symptômes dans le quotidien.

On peut également retrouver d'autres symptômes plus spécifiques de la dépression comme une tristesse intense, des crises de larmes, une irritabilité, une grande quête affective, des inquiétudes disproportionnées, un sentiment de désespoir, de culpabilité et de dévalorisation, une perte de confiance en soi, une incapacité à se projeter en tant que parent, la peur d'avoir fait le mauvais choix en désirant ce bébé, d'être une mauvaise mère, les crises d'angoisse peuvent être fréquentes en particulier le soir et peuvent se manifester parfois uniquement par des symptômes physiques (malaises, tremblements, oppression thoracique…). Enfin, la future mère peut avoir des idées noires, voire des idées suicidaires. Ceci n'est pas une liste exhaustive de symptômes.

Comment peut-on surmonter la dépression anténatale ?

Tout comme les autres formes de dépression, la première chose à faire pour aller mieux est de reconnaître ses difficultés et d'en parler autour de soi : à ses proches, au personnel médical qui suit la grossesse et pourquoi pas à d'autres mamans. Il est important de **sortir de cet isolement qui nourrit la dépression**.

L'**association Maman blues**, par exemple, est une plateforme d'écoute et de discussion autour des difficultés parentales capable de vous orienter vers des soins spécialisés sur l'ensemble du territoire français.

Il existe également des groupes de mamans, des réseaux, des podcasts qui peuvent vous faire réaliser que vous n'êtes pas seule face à vos difficultés.

Un accompagnement spécialisé est la meilleure chose pour vous rétablir et prévenir un risque de dépression du post-partum. Avoir recours à un traitement médicamenteux pendant la grossesse est également possible sans effet néfaste pour le bébé. En effet, il existe des antidépresseurs et anxiolytiques sans danger pendant la grossesse. Rapprochez-vous de professionnels spécialisés en périnatalité pour savoir ce qui est possible dans votre cas.

Par ailleurs, une bonne alimentation, la pratique d'une activité physique régulière adaptée, une quantité suffisante de sommeil, se sentir soutenu par un entourage bienveillant qui vous fait du bien, ainsi que l'apprentissage de la gestion du stress peuvent s'avérer bénéfiques (pratique du yoga prénatal, relaxation, cohérence cardiaque, sophrologie…). Vous saurez trouver la méthode qui vous correspond et qui vous fait du bien. Ne restez pas seule face à votre anxiété ou vos peurs. Sollicitez votre sage-femme ou gynécologue, qui pourra, si nécessaire, vous orienter vers un professionnel spécialisé.

La couvade du père

Les difficultés et les remaniements en lien avec l'accès à la parentalité affectent souvent les femmes. Cependant, la grossesse entraîne également un bouleversement psychique et physique chez certains futurs pères.

Au cours des dernières années, la place des pères a beaucoup évolué dans notre société, les impliquant davantage dans le quotidien de leurs enfants. Malgré cela, les pères actuels se retrouvent parfois sans repère sur lesquels s'appuyer, pouvant leur faire appréhender leur futur rôle et les laisser en difficulté pour trouver leur place. Les pères ressentent souvent davantage de difficulté pour exprimer leurs émotions et leurs inquiétudes, ce qui peut les rendre vulnérables au cours de la grossesse de leur conjointe.

Ces bouleversements peuvent avoir une expression psychosomatique dont vous avez probablement entendu parler, le *syndrome de la couvade*. Les futurs pères présentent alors une prise de poids, des troubles du sommeil, des inquiétudes et des doutes. On retrouve aussi des nausées et vomissements ainsi que des douleurs somatiques comme les lombalgies.

Soutenir les pères et les accompagner est donc tout aussi primordial que le soutien apporté à la mère. Cela facilitera la construction des premiers liens du père avec son enfant, et aidera le papa à soutenir la jeune maman. C'est un rôle crucial pour la famille qui se construit.

1.2. PRÉPARER SON CORPS

Puisque votre corps change pendant la grossesse, c'est l'occasion d'être davantage à son écoute pour l'accompagner dans ces changements et pour vous l'approprier. De plus, adopter des habitudes de vie saines est essentiel pour le bien-être de votre bébé.

ET LES HORMONES ALORS ?

L'**ocytocine** est aussi appelée *hormone du lien*, ou hormone du bonheur. Elle a un rôle particulièrement déterminant pendant la grossesse, la naissance et le post-partum. En effet, elle est sécrétée lors des contacts affectifs chaleureux ou lorsque nous recevons des compliments, ressentons un plaisir partagé ou une stimulation sensorielle agréable.

Ce neurotransmetteur a pour rôle principal de réguler nos émotions, notre empathie et favorise l'estime de soi. L'ocytocine favorise donc le sentiment de bien-être, de plaisir et soulage l'anxiété (en diminuant le cortisol, hormone du stress).

Elle joue un rôle dans le lien social : sa sécrétion pendant l'accouchement favorise la création du lien mère-enfant. Elle joue aussi un rôle dans la relation amoureuse.

Ce messager cérébral a également un rôle dans l'accouchement, en favorisant les contractions utérines, et dans l'allaitement, en jouant sur l'excrétion du lait et en influençant la synthèse de la prolactine.

Quand vous êtes empathique, que vous ressentez du plaisir, vous secrétez de l'ocytocine et votre entourage, qui bénéficie de cette bienveillance, sécrétera à son tour de l'ocytocine. Les données scientifiques actuelles montrent que, dès la grossesse, ce cercle vertueux de sécrétion d'ocytocine aide à la bonne maturation du cerveau de votre enfant, un cercle vertueux qui inclut aussi bien la maman que le papa ou l'entourage. Plus vous recevez d'empathie, plus vous sécrétez de l'ocytocine et plus vous développez votre empathie. Et vice versa. Alors, entourez-vous de personnes qui vous font du bien, autorisez-vous des temps de plaisir seule ou en couple. Vous prenez par la même occasion soin de votre bébé.

La **prolactine** est une hormone qui favorise la *production de lait* par les glandes mammaires. Elle est sécrétée les jours suivant l'accouchement puis régulée par un rétrocontrôle positif (plus elle est utile, plus elle est sécrétée). Plusieurs facteurs peuvent influencer sa sécrétion : le stress, la grossesse, l'activité physique intense...

L'ocytocine et **la prolactine** jouent un rôle dans la *plasticité cérébrale* et la *synchronie* entre le cerveau des parents et les besoins de l'enfant.

Le cortisol est l'hormone du stress. Elle est secrétée par les glandes surrénales lors des états de stress. Le cortisol permettait à nos ancêtres de réagir face à un danger en produisant de l'énergie par la libération de sucre (ce qui permettait alors de fuir ou d'attaquer en réponse au danger). L'accumulation de cortisol peut entraîner des problèmes corporels comme une augmentation du glucose, des troubles cardiovasculaires, des troubles pondéraux...

Que se passe-t-il en cas de stress important ou prolongé lors de la grossesse ?

Le cortisol est sécrété et s'accumule dans votre circulation sanguine. Il est alors transmis au bébé qui ressent également ce stress et sécrète à son tour du cortisol, ce qui augmente alors sa détresse. Comme vous pouvez le voir, ce cercle vicieux nécessite d'être brisé pour retrouver une sérénité. C'est pour cela qu'il nous paraît indispensable de soutenir les familles en devenir, plus vulnérables à l'accumulation de stress, dont les conséquences peuvent affecter le bébé.

Bien s'alimenter pendant la grossesse

Tout ce que vous mangez pendant la grossesse participe au bon développement de votre bébé. Une alimentation équilibrée et variée a de nombreuses vertus : elle améliore votre niveau d'énergie, la qualité de votre digestion, de votre sommeil… mais favorise aussi le maintien d'un poids de santé et la sensation de bien-être. Elle peut aussi vous aider à combattre certains petits maux de la grossesse (nausées, acidités gastriques, constipation).

Durant cette période, sans vouloir chercher la perfection, il convient de porter une attention particulière à certains éléments nutritifs (fer, calcium, magnésium, iode) tout en respectant vos goûts et vos habitudes.

Fiche pratique

L'ALIMENTATION DE LA FEMME ENCEINTE

Pendant la grossesse, vos besoins en nutriments augmentent considérablement. Voici quelques nutriments essentiels à la bonne croissance de votre bébé.

- La **vitamine B9** (acide folique) joue un rôle dans le bon développement du système nerveux de votre bébé. On en trouve dans les légumes et plus particulièrement le chou, les légumes-feuilles, les poivrons rouges, les tomates, les épinards, les betteraves rouges et les concombres. Mais aussi les pommes de terre et les céréales complètes.
- Le **calcium** participe à la bonne croissance et à la solidité des os. On en trouve dans les produits laitiers majoritairement mais aussi dans certaines eaux minérales et dans certains oléagineux, comme les amandes et les noisettes.
- La **vitamine D** aide notre corps à mieux absorber le calcium. Elle intervient dans la construction des os de votre bébé. On en trouve dans les poissons gras (sardine, saumon, hareng, maquereaux) et les produits laitiers au lait entier. Votre corps en synthétise aussi quand vous vous exposez au soleil !
- Le **fer** est utilisé pour la fabrication de l'hémoglobine qui transporte l'oxygène dans notre corps. Il intervient dans la croissance de votre bébé et du placenta. On en trouve d'origine animale (viande rouge, poisson) ou végétale (lentilles, haricots secs, pois chiches, quinoa, tofu, brocolis…).

- La **vitamine C** améliore l'absorption du fer. On en trouve dans les agrumes, le kiwi, les fraises, le persil, le poivron rouge, le brocoli...
- L'**iode** est essentiel au bon développement du cerveau de votre bébé. On en trouve dans certains produits de la mer (maquereau, thon, sardines...).
- Les **acides gras oméga-3** jouent un rôle important dans le développement de la vision et du système nerveux de votre bébé. On en trouve dans les poissons gras (sardines, anchois, maquereaux), les noix, l'huile de colza et l'huile de lin, mais aussi dans les œufs, les viandes et les produits laitiers.

Ne pas hésiter à prévoir 1 à 2 collations dans la journée si vous en ressentez le besoin et buvez au moins 1,5 à 2 litres d'eau par jour.

Il n'y a pas lieu d'augmenter énormément la ration calorique globale : les diététiciens s'accordent pour dire qu'**il faut manger deux fois mieux et non deux fois plus**. Au cours de ces 9 mois, ne vous étonnez pas de constater des variations pas toujours agréables de l'appétit ou encore de la perception des goûts et des odeurs. Un jour, vous aurez un appétit d'ogre et, le lendemain, aurez envie de ne rien manger ; ou encore aurez envie d'avocat un jour et en serez dégoûtée le lendemain.

Privilégiez une alimentation riche, variée et équilibrée, n'hésitez pas à **fractionner votre alimentation** (3 repas et 2 collations par jour, par exemple).

Fiche pratique

UNE ALIMENTATION ÉQUILIBRÉE

—

Voilà des idées pour une journée bien équilibrée, que vous soyez enceinte ou non.

Une portion équivaut à environ 100-120 g.

- **Le petit-déjeuner :** 1 produit céréalier (pain complet de préférence ou céréales pas trop sucrées), 1 produit laitier, 1 fruit (compote, fruit coupé, jus de fruits pressés), 1 boisson (thé, café, infusion) non sucrée de préférence.

- **Le déjeuner et le dîner** peuvent avoir la même structure : 1 à 2 portions de légumes (crus et cuits), 1 portion de féculents, 1 produit laitier, 1 portion de protéines animales ou végétales, 1 fruit.
- À cela peut s'ajouter une **collation** au cours de la journée en fonction de votre faim. L'idéal est qu'elle se situe 2 h avant ou après un repas. Elle peut comporter : 1 produit laitier, 1 fruit et 1 portion de céréales.

Tout au long de votre journée, ayez une bonne hydratation, en dehors et au milieu des repas.	Privilégiez le fait maison. Vous contrôlez ainsi votre apport en sucre.
Préférez les légumes de saison.	Diversifiez votre alimentation.
Variez vos matières grasses (beurre, huile d'olive, de colza, de noix...).	Les sodas et sucreries sont à consommer de manière occasionnelle.

La grossesse implique une augmentation des besoins en eau. N'oubliez donc pas de bien vous hydrater toute la journée, car l'eau joue un rôle fondamental dans le bon déroulement de votre grossesse et le développement de votre bébé : il est recommandé de boire au minimum 1,5 litre d'eau par jour. Consommez avec modération les boissons sucrées et celles qui sont riches en caféine (café, thé, boisson énergisante).

La prise de poids pendant la grossesse

Il est normal de prendre du poids pendant la grossesse. En effet, la taille de votre utérus augmente, votre bébé grossit ainsi que le placenta. Le corps se prépare aussi à allaiter donc il a besoin de stocker de l'énergie.

En revanche, il est tout aussi important que votre prise de poids soit maîtrisée, pour votre santé et celle du bébé. C'est pour cela qu'elle sera contrôlée chaque mois lors de vos rendez-vous de suivi. Pas de panique ! Nous sommes toutes différentes et il n'y a pas de norme, cela reste fonction de chacune. N'hésitez pas à en parler à votre équipe soignante si cela vous inquiète.

Le diabète gestationnel

La grossesse provoque une modification de la tolérance glycémique et peut entraîner une augmentation du taux de sucre dans le sang : c'est le diabète gestationnel (diabète de grossesse). Ne vous inquiétez pas, ce diabète est un phénomène transitoire ; il disparaîtra après l'accouchement. On le dépiste avec une prise de sang généralement au 2e trimestre de la grossesse, ou avant en cas de facteurs de risque (surpoids, terrain familial, âge supérieur à 35 ans).

Si vous avez du diabète gestationnel, il n'y a pas lieu de faire un régime au sens strict du terme mais plutôt d'adapter votre alimentation pour permettre à votre corps de réguler le taux de sucre tout au long de la journée.

Il est nécessaire :

- d'éviter les aliments à index glycémique élevé (sucre, sodas, confiseries, plats industriels…) ;
- de ne pas sauter de repas ;
- de fractionner vos repas tout au long de la journée (3 repas et 1 à 2 collations) ;
- d'essayer de manger à heures fixes ;
- de maintenir une activité physique régulière.

Nous vous recommandons de consulter des professionnels de santé pour vous aider en cas de diabète gestationnel.

Pratique du sport

Ce n'est pas parce que vous êtes enceinte que vous devez changer toutes vos habitudes. Nous vous encourageons à maintenir une activité physique modérée en pratiquant des sports adaptés (aquagym, natation, yoga, marche) et à éviter les sports à risque de chute, ou ceux pouvant entraîner des chocs. Parlez-en à votre sage-femme ou à votre médecin.

Continuer une activité physique pendant la grossesse :

- améliore la qualité de votre sommeil,
- améliore la posture,
- favorise la circulation sanguine,

- favorise une alimentation plus saine,
- favorise un équilibre psychologique,
- permet de gérer votre anxiété,
- permet la régulation du diabète gestationnel,
- permet d'apprivoiser votre nouveau corps,
- diminue certains maux de la grossesse (constipation, insomnie, douleurs lombaires…).

Recommandations pendant la grossesse

Pendant ces neuf mois, il va falloir tout de même opérer quelques changements dans vos habitudes. Le placenta est l'organe qui permet d'assurer les échanges entre la mère et son fœtus (oxygène, nutriments). Il joue un rôle protecteur mais certains éléments (toxiques ou infectieux) réussissent à passer cette barrière. Il est donc important de les connaître pour éviter certains risques.

	Certains médicaments peuvent être contre-indiqués pendant la grossesse. Avant toute prise de médicament ou arrêt de traitement, consultez votre sage-femme ou votre médecin.
	L'alcool passe la barrière placentaire, et votre fœtus n'a pas la même capacité que vous à l'éliminer, il est toxique pour son développement. Il est donc à bannir pendant ces neuf mois. Il existe plusieurs alternatives pour déguster des boissons sans alcool (jus de fruit, *virgin cocktails*, eau gazeuse, bière et vin sans alcool).
	La fumée de cigarette et toute autre drogue passe également la barrière placentaire et est néfaste pour le développement de votre bébé. Privilégiez des environnements sains et sans fumée. Si vous éprouvez le besoin de vous faire aider pour arrêter, parlez-en avec votre équipe soignante car elle peut vous prescrire des traitements substitutifs et des prises en charge alternatives (acupuncture, hypnose).

Certaines infections sont à éviter au cours de la grossesse car, si elles sont généralement sans gravité pour vous-même, elles peuvent l'être pour votre bébé. Quelques précautions sont à retenir pour les éviter.

La toxoplasmose

Cette infection est due à un parasite qui peut se trouver dans la viande ou la terre souillée par les déjections de chat :

- lavez-vous les mains avant chaque repas et après manipulation de viande ou de terre,
- lavez soigneusement les légumes, fruits et herbes aromatiques,
- faites bien cuire vos viandes,
- ne mangez pas de viande crue,
- nettoyez régulièrement votre réfrigérateur.

La listériose

Cette infection est due à une bactérie largement répandue dans l'environnement :

- évitez la consommation de fromages à pâte molle ou au lait cru, privilégiez ceux qui sont pasteurisés,
- évitez la consommation de poissons crus ou fumés, de coquillages,
- évitez la consommation de graines germées crues,
- évitez la consommation de charcuteries crues,
- cuisez soigneusement les aliments d'origine animale,
- lavez soigneusement les légumes, fruits, herbes aromatiques,
- nettoyez régulièrement et désinfectez votre réfrigérateur.

Le cytomégalovirus (CMV)

C'est un virus très répandu chez les enfants de moins de 3 ans et notamment ceux qui sont en collectivité. Il est présent dans les sécrétions corporelles (urine, salive, larmes). Voici quelques mesures d'hygiène de base à respecter :

- lavez-vous fréquemment les mains, notamment après avoir mouché, changé ou baigné un enfant,
- abstenez-vous d'utiliser la même cuillère que votre enfant, de sucer sa tétine, ou de boire dans le même verre,
- évitez les bisous sur la bouche.

Bien qu'il soit important de veiller à ces bonnes pratiques, il est tout aussi important de ne pas vous rendre davantage anxieux à tout vérifier dans le moindre détail. Il s'agit surtout de vous aider à modifier certaines de vos habitudes si cela vous semble nécessaire.

Cela vous paraît trop contraignant ? Pourquoi ne pas proposer au co-parent de vous suivre dans ces nouvelles habitudes de vie ? À deux, c'est toujours plus facile !

La préparation du périnée

Le périnée est un ensemble de tissus situés, chez la femme, entre la vulve et l'anus. Il est constitué principalement de muscles tendus en hamac dans le bassin.

Son rôle fonctionnel est essentiel :

- il soutient l'ensemble des organes du petit bassin (vessie, utérus, rectum et intestins) et permet d'éviter leur descente ;
- il participe à la continence (urinaire et anale) ;
- il joue un rôle dans la sexualité.

Pendant l'accouchement, il va jouer un rôle clé : il va devoir s'assouplir pour laisser passer votre bébé. Pour cela, il est recommandé de préparer votre périnée avec le massage périnéal. Ce massage peut être débuté à partir du 8e mois de grossesse à raison de 2 à 5 minutes par jour jusqu'à l'accouchement. Il existe des huiles spéciales périnée, compatibles avec les muqueuses, qui faciliteront le massage. N'hésitez pas à en parler à votre sage-femme qui vous en expliquera les modalités.

Le massage périnéal va vous permettre :

- d'apprivoiser cette partie de votre corps, d'en prendre conscience ;
- d'augmenter l'élasticité des tissus vaginaux, et ainsi éviter les risques de déchirure et d'épisiotomie lors de l'accouchement ;
- de diminuer les douleurs périnéales et l'incontinence aux gaz, et ainsi mieux récupérer dans le post-partum ;
- de faciliter la reprise de la sexualité.

> **LE SAVIEZ-VOUS ?**
> Nous sollicitons en permanence notre périnée dans notre quotidien (sport, éternuement, toux, port de charges lourdes). La prise de conscience de ce muscle vous sera donc très utile tout au long de votre vie.

Fiche récap

COMMENT S'Y PRENDRE ?

- À effectuer à partir du 8e mois jusqu'aux premières contractions
- Pendant 2 à 3 minutes chaque jour
- Seule ou à 2
- Utilisez une huile spécifique
- Massage interne : massez la paroi vaginale par mouvements de pression et d'étirement de la zone allant du point A au point B
- Demandez conseil à votre sage-femme si besoin

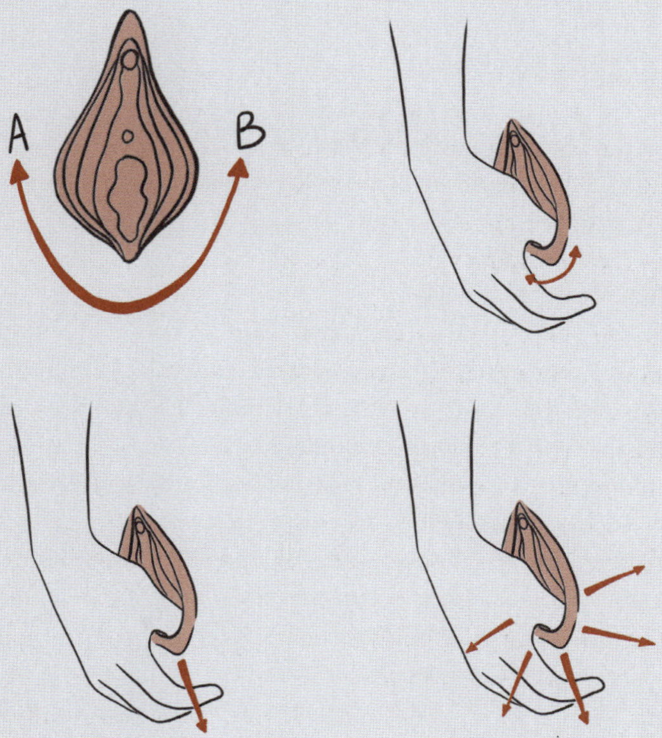

1.3. PRÉPARER SON COUPLE

Dans un couple, chacun prend sa place à sa manière, il en est de même pour la parentalité : la maternité et la paternité sont appréhendées de manière très différente. Raison de plus pour se préparer, et communiquer sur différents sujets qui impliquent le couple.

De plus, le couple vit des réaménagements et doit s'adapter à ce changement de statut. L'autre challenge sera donc de préserver son couple. Si le premier enfant est une épreuve particulière pour un couple, l'arrivée du deuxième l'est tout autant ou plus… Manque de sommeil, de temps, les parents peuvent se sentir dépassés. Il est important alors de prendre du temps pour le couple, car des parents heureux feront des enfants heureux ! Et gardez en tête que vous formez une équipe, et que vous vivez cette aventure ensemble.

Devenir parent

Plus la grossesse avance, plus le bébé existe « dans la tête » de ses parents. On « devient » parent progressivement avant la naissance du bébé, et l'on observe des mouvements différents entre les futurs parents.

Une différence de temporalité

La première observation est cette différence de temporalité entre la mère et le co-parent qui peut entraîner des conflits. Les doutes, l'ambivalence voire les angoisses que peuvent ressentir certaines femmes enceintes les premiers mois peuvent entraîner une incompréhension de la part du coparent qui ne traverse pas les mêmes mouvements psychiques. Puis, la mère vit un remaniement psychique, elle vit une véritable fusion avec le bébé et ses préoccupations sont centrées sur le bébé. Le coparent peut mettre plus de temps à prendre conscience de ce bouleversement : il aura besoin d'éléments concrets et de vivre la parentalité en pratique avant de réaliser pleinement ce que vit la mère.

La femme va prendre possession de son statut de mère assez vite tant sur le plan physique (parce qu'elle porte l'enfant) que sur le plan émotionnel (par les remaniements psychiques qu'elle traverse et les modifications hormonales). Pour le coparent, c'est un peu différent, il vit la grossesse de l'extérieur et il peut avoir du mal à trouver sa place dans cette nouvelle triade mère-bébé-coparent.

Une différente vision de la parentalité

D'autre part, dès la grossesse, les futurs parents peuvent observer des différences de perception de leur rôle respectif.

Chacun pense à l'éducation qu'il a reçue et à celle qu'il souhaite transmettre. Souvent, les deux parents ne partagent pas la même vision de l'éducation, et c'est normal puisque chacun porte une histoire personnelle différente. Il sera non seulement important de se mettre d'accord sur les grandes lignes (horaires, organisation, sommeil) mais aussi d'accepter que chacun ait sa façon de faire dans les petites choses du quotidien qui ne sont pas déterminantes dans la construction de l'enfant (l'habillage, les soins, les jeux, etc.). L'objectif est de composer avec les aspirations différentes. Il faut voir cela comme une richesse car cela permettra à l'enfant de développer une souplesse et une flexibilité mentale.

Concernant les difficultés liées à la question de l'éducation, non seulement chacun des parents tient à transmettre ses propres valeurs, mais il existe aussi ce que l'on appelle « une mémoire traumatique ». Il s'agit d'une mémoire émotionnelle non intégrée (ou non « digérée »), qui va se réactiver au moindre incident en lien avec l'événement traumatique (par exemple, les pleurs de son bébé). Face à ces reviviscences émotionnelles, l'adulte peut se retrouver en grande difficulté pour gérer ses émotions et adopter alors une attitude qu'il ne souhaite pas (maladresse verbale à l'encontre de son bébé, violence verbale ou physique). Ceci peut déséquilibrer le couple. Accepter les ressentis de chacun, en parler, laisser à chacun la place qu'il veut prendre est alors le meilleur moyen de vivre ces neuf mois côte à côte.

Témoignage

Valentine

34 ans, maman de Théo

« J'ai manqué de protection étant petite, mes parents étaient peu attentifs à mes besoins. Par exemple, ils ne me donnaient pas d'heure pour aller au lit et je m'endormais sur le canapé tous les soirs. Dans mon rapport à Théo, j'essaye donc d'y être très attentive mais je me rends bien compte que cela revient quand je suis fatiguée. J'ai alors du mal à lui parler avec douceur sans agressivité, ce qui me fait beaucoup culpabiliser. »

Le « bébé imaginaire »

La place de l'imaginaire, de la rêverie autour du bébé est primordiale pendant la grossesse pour chacun des parents en devenir. Elle permet aux parents de créer une place, d'être en lien avec ce bébé avant même sa naissance. Les jeunes parents l'imaginent : aura-t-il les cheveux de son papa ? Aimera-t-il faire du sport comme sa maman ? Autant de questionnements qui permettent aux futurs parents de préparer l'accueil de leur bébé.

Il s'agit du « bébé imaginaire » et il est normal qu'il soit idéalisé. Chaque futur parent imagine son bébé comme un bébé parfait. Au moment de la naissance, les parents rencontrent le bébé réel, lequel est nécessairement différent du bébé imaginaire. Alors le bébé tel qu'il est prend la place du bébé imaginaire dans le psychisme des parents… et devient rapidement irremplaçable.

S'investir à deux dans les préparatifs

Il est important de se projeter à deux dans la grossesse mais aussi dans ce qui suit. Par exemple, chacun des parents doit donner son avis sur le prénom, sur l'aménagement de la chambre, sur le choix de la poussette. Il y a le côté matériel, mais aussi le plaisir de partager ces moments à deux. Profitez de ces 9 mois ensemble !

Assister aux échographies, à la visite de la maternité et aux cours de préparation à l'accouchement peut aider le futur coparent à se projeter dans son nouveau rôle. Parfois les futurs coparents apprécient de s'occuper du nid familial, et de l'organisation du foyer.

Développement du lien parents-bébé

On sait aujourd'hui que le lien entre le bébé et ses parents se fait dès les premiers mois de la grossesse.

Le bébé entend les bruits extérieurs dès 4-5 mois de grossesse. Il reconnaît les voix familières, des bruits extérieurs. Il perçoit la voix de sa mère mais également celle du coparent. N'hésitez pas à parler à votre bébé dès la grossesse, à écouter de la musique. Il ne s'agit pas de favoriser son développement cognitif mais de créer du lien, de vous procurer des moments de bien-être et de connexion à votre bébé. Il reconnaîtra d'autant plus facilement votre voix dans ses premiers moments de vie et sera plus facilement apaisé.

De la même manière, le bébé sent les odeurs et goûte les aliments que mange la future maman. N'hésitez pas à varier votre alimentation et à écouter vos envies.

Vous pouvez très tôt entrer en contact avec votre bébé par le toucher. Il est sensible à vos caresses, aux petites pressions. Votre bébé peut même répondre à vos sollicitations par des petits coups. C'est un très bon moyen pour commencer à tisser le lien entre futurs parents et bébé, en particulier pour les coparents. C'est d'ailleurs le principe de l'haptonomie.

Les émotions ressenties par la maman sont également perçues par le bébé. Les hormones du stress, tel que le cortisol, comme les hormones du bien-être, l'ocytocine, passent la barrière placentaire. Votre bébé baigne dans ces hormones, et les connaissances scientifiques montrent qu'elles influent sur le fœtus.

Attention, n'imaginez pas qu'un stress vécu pendant la grossesse va avoir pour conséquence d'endommager le cerveau de votre enfant ! Mais ayez en tête que votre bébé perçoit cet état émotionnel. Il est normal de ressentir du stress pendant la grossesse et cette libération de cortisol va également vous aider et aider votre bébé à se développer. C'est plutôt l'exposition à un stress prolongé ou trop intense qui peut avoir un impact sur vous, votre grossesse et votre bébé. Si vous traversez une période de stress, que votre anxiété est trop importante, que vous pleurez souvent, n'hésitez pas à vous faire accompagner de professionnels spécialisés (psychologues, psychiatres) pour vous apaiser. Par ailleurs, nous savons aujourd'hui que les mamans présentant une dépression du post-partum souffraient déjà d'anxiété ou de dépression pendant la grossesse et n'avaient souvent pas bénéficié d'un accompagnement. Alors n'attendez pas pour vous faire soutenir. Parfois, libérer la parole suffit à soulager les futurs parents. Enfin, prenez le temps de parler à votre bébé, même *in utero*. Cela vous permettra de partager vos émotions mais aussi de libérer des hormones du bien-être. Ces échanges vous procureront ainsi un apaisement.

Témoignage

Vanessa

38 ans

« Pendant ma grossesse, j'étais très anxieuse. J'ai donc beaucoup parlé à mon bébé en lui expliquant qu'en ce moment je traversais une phase de fatigue intense mais que je saurais prendre soin de moi et de lui pour aller mieux. »

La préparation à la naissance

La préparation à la naissance est une préoccupation du couple dans laquelle le coparent a toute sa place. La préparation à la naissance vous explique tout du déroulement de l'accouchement, pour réduire vos appréhensions et ainsi vivre pleinement ce moment extraordinaire.

Durant la grossesse vous avez le droit à 8 séances remboursées par la Sécurité sociale : un entretien individuel et 7 séances.

L'entretien prénatal du 4e mois

Il est généralement réalisé après le premier trimestre de grossesse par la sage-femme ou le médecin. Vous y posez vos questions, expliquez vos attentes et vos doutes sur la grossesse, l'accouchement et la parentalité. Cet entretien permet également de vous orienter vers d'autres acteurs de la parentalité (psychologue, assistante sociale, etc.) en cas de difficultés. Enfin, c'est l'occasion pour le professionnel de santé de vous aider à cibler vos attentes pour le jour J afin d'élaborer votre projet de naissance. Bien sûr, le coparent a toute sa place lors de cet entretien et peut, si les deux parents le souhaitent, y participer.

EXEMPLES

—

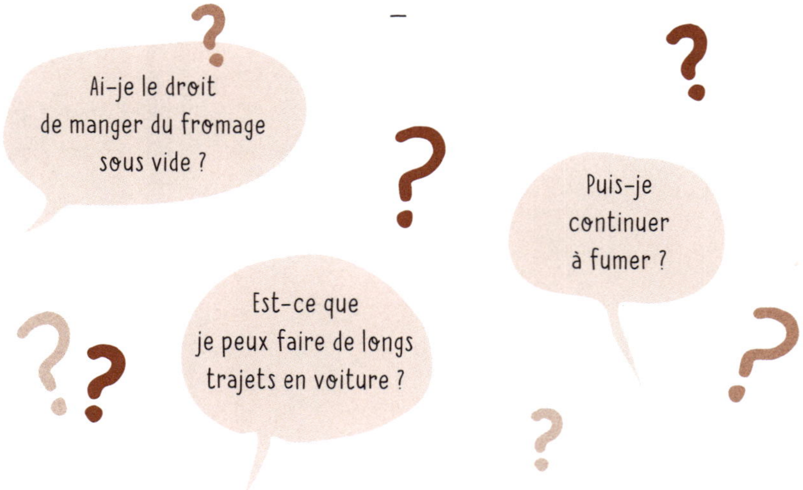

Etc.

Les cours de préparation à la naissance

Il existe différentes sortes de préparation à la naissance. À vous de choisir celle qui vous correspondra le mieux. Beaucoup de sage-femmes proposent de conjuguer plusieurs formes de préparation. Voici une liste non exhaustive de préparations à la naissance et leurs bienfaits.

La psychoprophylaxie, méthode dite classique	Préparation théorique sur la grossesse, l'accouchement, le post-partum et l'allaitement
La préparation ciblée sur l'exsufflation	Régulation du souffle, maintenir une bonne capacité respiratoire, protection du périnée, diminution des douleurs lombaires et amélioration du transit
La préparation ciblée sur un accouchement naturel (sans analgésie péridurale)	Apprendre à gérer sa douleur, favoriser la participation active du coparent
L'haptonomie	Méthode de préparation davantage tournée vers le couple. Cet accompagnement favorise le développement de la relation affective entre la mère, le coparent et l'enfant. En prime, le coparent peut y être très impliqué ! En effet, le bébé est capable de différencier les voix de sa mère et du coparent. Instaure des habitudes de dialogue
L'hypnose	Lutter contre le stress et les petites douleurs liées à l'état de grossesse et pour se préparer à l'accouchement
Le chant prénatal	Utilise l'effet des sons sur le corps, favorise le contrôle du souffle, la détente des muscles sollicités lors de l'accouchement. Le bébé est très sensible aux bruits et à la musique extérieurs
La gymnastique aquatique	Détente, drainage, sport, antistress
Le yoga	Postures, mouvements, étirements, respiration, méditation, relaxation
La sophrologie	Prise de conscience pour la future maman de son accouchement, elle le visualise de façon positive et en imagine tout le déroulement

Si vous ne souhaitez pas ou ne pouvez pas vous engager dans une de ces préparations « alternatives », pas de panique, il est évident que vous pouvez créer un lien avec votre bébé *in utero* par d'autres moyens ! Parlez à votre bébé, communiquez avec lui en touchant votre ventre et en chantant. Toutes ces vibrations et ces sensations tactiles permettent de développer un lien avec lui.

DES COURS POUR LES FUTURS PAPAS

Devenir papa, une sacrée étape.

—

De plus en plus de futurs papas/coparents éprouvent le désir de s'investir au côté de leur compagne durant la grossesse. Une bonne information, la possibilité pour eux de s'exprimer et d'être présents durant la grossesse sont des éléments primordiaux pour se préparer à devenir père. En plus de pouvoir assister aux consultations de grossesse, aux échographies, les futurs pères peuvent également participer au cours de préparation à la naissance et à la parentalité. Pendant ces cours, le coparent est informé de son rôle pendant la grossesse et au moment de l'accouchement mais aussi pendant le post-partum.

Il existe de plus en plus de cours spécialement destinés aux futurs papas. Ils peuvent être dispensés au sein des maternités mais aussi en cabinet libéral. Ces cours (généralement masculins) sont une parenthèse pour échanger entre pères, s'informer et apprivoiser son rôle parental. Il permettra de répondre aux questions, aux inquiétudes que peut-être vous n'osez pas aborder lors d'un cours de préparation en couple.

Préparation des imprévus : déclenchement, césarienne, séparation à la naissance

Le déclenchement

Le déclenchement est une décision médicale visant à provoquer des contractions de manière artificielle pour induire l'accouchement. Il est pratiqué lorsqu'on estime qu'il est plus risqué, pour la mère ou le fœtus, de continuer la grossesse que de provoquer la naissance.

La césarienne

La césarienne peut faire peur et contrarier votre scénario de naissance mais sachez qu'une décision de césarienne ne sera prise que dans un seul but : votre bonne santé et celle de votre bébé. On parle d'accouchement par voie haute.

- Il peut s'agir d'une césarienne planifiée dès les débuts de la grossesse ou au cours de la grossesse pour diverses raisons médicales. Il est important de pouvoir poser toutes vos questions à l'équipe médicale afin de vous sentir sécurisés, notamment à propos de la présence du coparent lors de l'intervention.
- Elle peut être réalisée en urgence, au cours du travail. La future mère ne l'anticipe pas toujours. Pourtant, il est important d'avoir en tête que tous les accouchements peuvent nécessiter le recours à la césarienne et qu'il est difficile de le prévoir. Cela implique donc, pour les parents, de renoncer à leur plan de naissance et d'accepter que l'accouchement ne se passe pas comme prévu.

En plus de l'inquiétude que cela peut générer, la césarienne peut être difficile à vivre, notamment pour la maman qui ne peut pas rencontrer son bébé immédiatement. Cependant, le coparent est un relais essentiel à ce moment-là. Il pourra se rendre au chevet du bébé et pratiquer le peau-à-peau pour l'apaiser (voir page 77). Le peau-à-peau consiste à poser l'enfant nu sur le torse nu du parent. Il a de réels bienfaits, il permet à votre bébé de vivre en douceur la transition du ventre de sa mère vers le monde extérieur. Le contact physique du peau-à-peau permet à l'enfant de réguler ses fonctions (température, rythme cardiaque et respiration). N'hésitez pas à reparler de la décision de césarienne avec l'équipe après l'accouchement, si vous en ressentez le besoin.

Il ne faut pas laisser de côté la possibilité d'une césarienne (1 femme sur 5 environ) ; plus elle est acceptée, mieux elle sera vécue.

La séparation à la naissance

Une séparation à la naissance est parfois nécessaire si le nouveau-né présente une détresse. Votre bébé vous sera alors brièvement présenté avant d'être transféré dans un autre service, voire un autre hôpital pour lui prodiguer des soins adéquats. Cela ne signifie pas que vous auriez échoué ou encore que vous seriez un mauvais parent. Vous n'êtes pas responsables de cette séparation qui résulte d'une décision médicale. Le coparent a souvent dans ces situations difficiles un rôle très important de médiateur entre le bébé et la maman tant que celle-ci ne peut se rendre auprès de son bébé.

Gardez en tête cette possibilité dans votre choix de maternité (présence ou non d'un service de néonatologie et de réanimation) et faites votre choix en fonction de vous et de vos besoins.

Se préparer à l'allaitement

Allaitement maternel ou au biberon ? Ce choix vous appartient, c'est une décision personnelle qui doit être réfléchie et bien assumée. Pour pouvoir choisir pleinement, il faut s'y intéresser dès la grossesse. C'est un choix à faire en couple car le coparent doit soutenir la maman dans sa démarche. Il a donc un rôle à jouer. Sachez que la décision que vous prendrez sera votre décision et sera la meilleure pour votre bébé et vous. Il n'y a pas de meilleure méthode, il y a celle avec laquelle vous êtes le plus à l'aise.

Témoignage

Sophia
maman de Colette

« Je suis arrivée à la maternité avec le projet d'allaiter absolument. C'était très important pour moi. À la naissance de Colette, j'ai finalement trouvé ça difficile, inconfortable et douloureux pour moi. J'étais épuisée et nous nous sommes sentis soulagés lorsque nous sommes passés aux biberons. »

Votre projet d'allaitement peut également évoluer ! Vous pouvez vous décider à la maternité, voire modifier votre projet initial. Autorisez-vous donc à ne pas suivre le choix que vous aviez en tête avant la naissance en vous reconnectant avec l'instant présent, votre vécu corporel et émotionnel.

Témoignage

Julie
maman de Gabriel

« Pour mon mari et moi il était inconcevable d'allaiter notre enfant, je trouvais cela dérangeant. Pourtant, lorsqu'on m'a posé mon petit garçon sur moi, ça a été très naturel de lui proposer la tétée d'accueil puis l'allaitement. Depuis nous vivons une belle aventure lactée ! »

L'allaitement maternel

Si vous avez le projet d'allaiter votre enfant, il faut mettre toutes les chances de votre côté. S'y préparer à l'avance vous permettra d'aborder la dernière ligne droite de votre grossesse de manière plus sereine et plus confiante.

Le lait maternel apporte aux nourrissons tous les nutriments dont ils ont besoin pour grandir et se développer en bonne santé. La composition du lait maternel varie en fonction du stade de l'allaitement, du moment de la journée, et varie aussi au cours de la tétée. Il s'adapte aux besoins de l'enfant ; c'est pourquoi l'OMS (Organisation mondiale de la Santé) recommande l'allaitement maternel exclusif pendant les six premiers mois.

Le lait maternel :

- renforce ses défenses immunitaires grâce à vos anticorps,
- jouerait un rôle dans la prévention de l'obésité et des allergies alimentaires.

L'allaitement au sein a aussi des bienfaits pour les mères :

- il peut avoir un effet protecteur contre la dépression post-partum,
- il diminuerait les risques de certains cancers (seins, ovaires),
- il diminuerait le risque d'ostéoporose à la ménopause.

Sachez que votre corps se prépare naturellement à allaiter. Pendant la grossesse, vos seins commencent à se préparer à fabriquer du lait. Il est même possible de voir de légers écoulements durant le dernier trimestre.

À part une contre-indication à l'allaitement, toutes les femmes peuvent allaiter, peu importe la taille de la poitrine, la forme des mamelons… Évidemment, vous êtes toutes différentes, il y en aura pour qui ce sera plus facile que pour d'autres. Nul besoin de « préparer » ses seins et ses mamelons : la meilleure préparation c'est l'information. Sachez que le peau-à-peau à la naissance est un excellent point de départ à l'allaitement. Votre bébé va ressentir votre douceur, votre odeur et est même capable de se diriger spontanément vers votre sein.

Il est crucial de bien s'informer sur l'allaitement. Documentez-vous, lisez, posez des questions aux femmes de votre entourage qui ont allaité, à votre personne-ressource. N'hésitez pas à en discuter avec votre sage-femme/médecin. Le sujet sera abordé lors de votre préparation à la naissance et à la parentalité.

Il y a d'autres interlocuteurs possibles :

- La consultante en lactation IBCLC (International Board Certified Lactation Consultant) : diplômée et spécialisée, elle pourra vous apporter une consultation autour de l'allaitement pendant la grossesse et même après l'accouchement. Elle peut être sage-femme, puéricultrice, auxilliaire de puériculture, pédiatre, pharmacienne.
- Les associations de soutien à l'allaitement maternel : elles proposent des rencontres et des échanges avec d'autres futures mamans et des mamans qui partagent leur expérience. Vous pourrez poser vos questions, parler de vos espoirs ou de vos doutes. Vous pourrez ensuite y retourner après avoir accouché pour faire le point.
- Le service de PMI (protection maternelle et infantile) de votre secteur : il y a une sage-femme, une puéricultrice, une auxiliaire de puériculture qui peuvent vous accompagner également dans votre projet.

Pour allaiter confortablement votre bébé, il est utile de penser à :

- Un coussin d'allaitement, pour être bien installée ; il pourra vous être utile aussi pendant la grossesse et l'accouchement pour adopter une posture confortable.
- Des vêtements d'allaitement : ils vous permettront d'allaiter en toute sérénité.
- Une crème cicatrisante pour de possibles crevasses.
- Vous pourrez aussi, à un moment choisi, tirer votre lait et le donner dans un biberon.

L'allaitement artificiel

Si vous avez décidé de donner des biberons dès la naissance ou si vous le faites en relais de votre allaitement maternel, voici quelques recommandations pour vous y préparer.

- À la naissance et pendant tout votre séjour, la maternité vous fournira des biberons à usage unique prêts à l'emploi.
- En fin de grossesse, il faudra prévoir vos biberons pour le retour à la maison. Mais pas simple de s'y retrouver devant la multitude de marques de biberon différentes ! Il est difficile de savoir à l'avance si le biberon que vous aurez choisi conviendra à votre bébé. Pour cela, nous vous recommandons d'avoir deux marques différentes et de les essayer ; vous vous rendrez vite compte des préférences de votre bébé. L'important est de choisir un biberon sans bisphénol A (comme la grande majorité des biberons actuels), avec une tétine adaptée à l'âge de votre enfant.

- Prévoyez également une eau minérale faiblement minéralisée (qui convient aux nourrissons) pour la préparation des biberons. C'est le pédiatre, à la sortie, qui vous prescrira le type de lait adapté à votre enfant.
- Afin d'éviter la montée de lait qui peut être assez gênante lorsqu'on ne donne pas le sein, prévoyez un soutien-gorge avec un bon maintien. Cela peut être un peu douloureux mais rassurez-vous, cela passe vite. Votre sage-femme ou votre médecin pourra vous prescrire des médicaments pour la douleur.
- Même si vous souhaitez allaiter votre bébé au biberon, vous avez la possibilité de faire une tétée d'accueil en salle de naissance si vous le désirez.

LE SAVIEZ-VOUS ?

À la naissance, la lactation est un processus qui peut être long à se mettre en place, il est donc recommandé de ne pas donner de biberons trop rapidement car cela pourrait bloquer la production de lait. En effet, il est important de savoir que l'allaitement répond au principe de « l'offre et la demande » : plus le bébé est mis au sein, plus les seins produisent du lait.

L'allaitement mixte

Il consiste à alterner allaitement maternel (mise au sein ou biberon de lait tiré) et allaitement artificiel.

Sexualité et grossesse

C'est un sujet qui peut être difficile à aborder, pourtant, durant la grossesse aussi, il est important d'être à l'écoute de sa sexualité.

L'imprégnation hormonale de la grossesse entraîne des changements sur le plan corporel et émotionnel. Elle est aussi responsable de la variation du désir et de la libido. Toutes ces modifications peuvent être plus ou moins faciles à appréhender ; chaque homme, chaque femme, chaque couple le vivra différemment : il n'y a pas de règle.

Il se peut que certains ressentent un frein, d'autres ne verront aucun changement et, pour d'autres encore, la grossesse générera un nouvel épanouissement. C'est un sujet qu'il ne faudra pas hésiter à aborder au sein de votre couple mais aussi avec les professionnels de santé qui vous accompagnent, si vous êtes en difficulté ou si vous en ressentez le besoin.

Sauf contre-indications médicales, votre sexualité peut être poursuivie pendant toute la durée de la grossesse et ne comporte aucun risque ni pour la maman, ni pour le bébé.

1.4. PRÉPARER LES AÎNÉS À ACCUEILLIR UN BÉBÉ

L'arrivée d'un nouveau bébé chamboule toute la famille, dont les enfants, qui vont à leur tour devenir grand frère ou grande sœur.

Très tôt, les enfants comprennent qu'il se passe quelque chose. Véritables éponges émotionnelles, ils ressentent fortement les émotions de leurs parents et les changements dans leur quotidien. Attendre un nouvel enfant entraîne de nouvelles préoccupations pour vous et donc une disponibilité parfois différente. Les enfants peuvent même entendre certaines conversations. Si on ne prévient pas l'enfant, il sent que quelque chose se passe mais cela reste confus et peut provoquer des angoisses ou des inquiétudes. Même s'il est encore petit, il comprend que les choses vont changer pour lui, pour la famille. Il sera donc nécessaire de ne pas trop attendre avant d'en discuter avec vos aînés.

BESOIN DE CONCRET ?

—

Choisissez un moment opportun, calme et où vous êtes entièrement disponible à votre enfant. Utilisez des mots simples adaptés à son âge. Puis laissez-le poser ses questions et rebondissez sur ce qu'il dit, ce qu'il comprend. Pour l'aider à se représenter l'attente, vous pouvez lui donner des repères de temps simple pour l'arrivée de ce bébé : « après ton anniversaire, à Noël, etc. »

Cela peut aussi être l'occasion de se replonger dans les souvenirs : ressortez les albums photos de vos grossesses précédentes, prenez un temps de partage pour lui raconter des petites anecdotes des moments où vous l'avez senti bouger... Les enfants raffolent de ces moments de complicité où ils s'imaginent bébé.

Notre petit conseil en plus : veillez à expliquer qu'un bébé se fait à deux et non uniquement par la maman, pour éviter que l'aîné rejette celle-ci. C'est une décision de couple d'avoir un enfant et cela est parfois difficile à comprendre, alors insistez !

Comment annoncer l'arrivée de bébé ?

Le plus dur c'est de se lancer ! Libre à vous de choisir le bon moment mais n'oubliez pas que votre enfant ressent que quelque chose se trame. Il vous faudra donc expliquer la situation pas trop tôt ni trop tard… L'idéal serait au moins de le prévenir avant d'en faire l'annonce à l'entourage pour éviter les impairs.

L'enfant peut être indifférent, fier ou au contraire en colère après l'annonce de cette nouvelle, ou tout en même temps ou à la suite… L'ambivalence existe aussi dans la relation fraternelle ! Il est important de l'accepter et d'écouter les ressentis de votre enfant à propos de l'arrivée du bébé. Néanmoins, les émotions de colère ou de jalousie entraînent souvent une agressivité. Il sera donc important de ne pas laisser l'enfant avec cette agressivité : il faudra le rassurer, lui expliquer et le valoriser. Vous pouvez commencer à lui faire comprendre qu'il est plus grand et que de nombreux bénéfices s'ouvrent à lui. Cela restaure l'estime de soi.

Comment créer une complicité ?

Votre enfant va probablement voir son quotidien chamboulé, et aura peut-être besoin d'être rassuré quant à sa place auprès de vous et dans la famille. Il pourra alors avoir besoin de proximité et de votre disponibilité à un moment où vous pourriez traverser une tempête émotionnelle.

Vous pouvez dès votre grossesse proposer des temps de qualité où vous êtes entièrement disponible pour votre enfant. Ces temps peuvent être courts, et délimités dans le temps. Laissez votre téléphone dans une autre pièce, ne vous préoccupez pas du dîner du soir… Vous pouvez laisser votre enfant choisir l'activité, le jeu ou l'histoire dont il a envie à ce moment-là, et profitez de ce temps suspendu.

L'idée d'avoir ces moments de qualité où vous êtes entièrement à l'écoute de votre enfant va le rassurer, le ressourcer, le charger en ocytocine et assouvir son besoin de sécurité émotionnelle. Mettre en place ces temps précieux (décrits par le Dr Anne Raynaud) dès la grossesse vous permettra de les remettre en place facilement à la naissance de votre bébé. C'est à ce moment-là que votre ou vos aînés auront le plus besoin d'être rassurés quant à leur place dans la famille. Ces petits temps courts mais privilégiés peuvent être salvateurs pour toute la famille. Votre aîné sentira votre proximité de façon indépendante de la présence du nouveau bébé, qui peut parfois, on ne va pas le cacher, prendre toute la place.

DES MOMENTS DE COMPLICITÉ

—

Voici plusieurs astuces pour préparer l'aîné et créer des moments de complicité une fois le bébé arrivé.

- X Expliquez ce qu'est un bébé et ce à quoi va ressembler le quotidien du bébé au début, pour qu'il ne soit pas déçu de ne pas pouvoir jouer avec lui tout de suite par exemple.
- X Transmettez le côté positif de la fratrie et ne pas laisser transparaître l'angoisse parentale ou la culpabilité, si vous en éprouvez ! Soyez convaincu que l'arrivée d'un autre enfant est une bonne chose.
- X Ne l'inquiétez pas inutilement ! S'il n'aborde pas le sujet, ce n'est pas la peine d'en faire des tonnes et d'insister trop souvent.
- X Puisque les enfants comprennent et ressentent beaucoup de choses, n'hésitez pas à les impliquer dans cette nouvelle aventure.
- X Préparez ensemble l'arrivée du bébé en proposant à l'aîné de faire le tri dans les jouets avec lui : qu'est-ce qu'il veut bien donner au petit frère/petite sœur ? Qu'est-ce qu'il souhaite garder ? Idem pour les vêtements.
- X Proposez-lui d'offrir un petit cadeau au bébé à naître.

La garde des autres enfants

Si vous avez déjà un ou plusieurs enfants, il est important de le(s) préparer à votre départ qui peut être un peu impromptu (en pleine nuit par exemple) ainsi qu'à votre absence pendant la durée du séjour à la maternité. Les enfants s'adaptent facilement mais il est important de les prévenir à l'avance. N'hésitez pas à leur parler de l'arrivée de ce petit frère ou de cette petite sœur. Vous pouvez choisir avec eux un doudou, par exemple, qu'ils pourront offrir au bébé à votre retour à la maison.

Organiser et planifier permet de se libérer l'esprit le jour J. Prévoyez qui vous pourriez appeler en pleine nuit, qui s'occupera des enfants lors du séjour à la maternité (la famille, les proches, les personnes-ressources que vous avez identifiées). Pensez également à prévoir un, voire plusieurs plans B, à proximité de chez vous autant que possible car vos proches peuvent également avoir des imprévus !

Petite liste
DES PERSONNES À PRÉVENIR

....
....
....
....
....
....
....

2
Prévoir le retour à la maison

2.1. LES ESSENTIELS POUR LE RETOUR DE MATERNITÉ

Dans les premiers temps, beaucoup de parents font le choix de garder leur bébé dans leur propre chambre. Certains ont besoin de s'assurer que tout va bien pour bébé, d'autres d'allaiter. Encore une fois, effectuez vos choix en fonction de vos ressentis.

La préparation de la chambre

Il est important de retrouver dans la chambre de l'enfant du matériel qui se rapporte à la construction du corps avec des éléments mous (organes) et durs (os). Cela permet à l'enfant de réguler sa tonicité. Ainsi, variez les matériaux en installant par exemple un coffre à jouets (élément dur) mais aussi un tapis de jeux avec des coussins (élément mou) pour s'installer confortablement. Prévoyez aussi des meubles à hauteur d'enfant, des jeux en libre accès, des meubles sécurisés pour encourager sa motricité.

Pour favoriser le sommeil de l'enfant, nous recommandons de placer le lit dans un angle de la chambre et de façon à ce qu'il puisse voir la porte d'entrée lorsqu'il s'y trouve. Ce positionnement va participer au sentiment de sécurité. Prévoyez également des rideaux occultants, en plus des volets, qui permettent de faire le noir total dans la chambre et favoriser l'endormissement.

La déco
DE LA CHAMBRE

Il est indispensable de limiter au maximum les distracteurs sensoriels car ils sont très excitants neurologiquement.

- ✗ Pour cela, évitez les peintures et les tapisseries aux couleurs vives ou aux motifs trop chargés. Favorisez donc le blanc et les couleurs claires ou pastel.
- ✗ Dans cette même idée, limitez aussi les affiches ou tableaux de couleurs vives sur les murs.
- ✗ Favorisez, dans la chambre de bébé, l'installation de plusieurs points lumineux plutôt qu'un plafonnier. Cela permet d'avoir une lumière plus douce. L'idéal serait également d'avoir des lumières tamisées, ce qui vous aidera lors du rituel du soir ou en cas de réveils nocturnes.
- ✗ Les mobiles, bien que très jolis, ne sont pas indispensables et vont surstimuler visuellement bébé. Or, une journée à la maison est déjà très intense pour bébé et il n'est donc pas nécessaire de lui ajouter autant de stimuli. Si cela vous tient à cœur, veillez à ne pas placer le mobile au-dessus du lit et privilégiez plutôt un ciel de lit.

Les habits

Prévoyez quelques habits en différentes tailles car, selon le poids de naissance de l'enfant, il n'aura pas les mêmes besoins. Prévoyez donc des tailles naissance, 1 mois, 2 mois et même 3 mois !

Faites-vous plaisir avec quelques jolies tenues mais gardez en tête que votre bébé, dans les premiers mois, va beaucoup dormir et se salir, préférez donc des tenues confortables et pratiques. Vêtir un tout petit peut être anxiogène pour certains parents. Comment ne pas lui faire mal ? Comment faire vite pour qu'il n'ait pas froid ? Quelle gestuelle adopter ? Autant de questions qui traversent l'esprit des nouveaux parents. Pour vous aider dans ces débuts, nous vous suggérons de privilégier des vêtements qui se boutonnent à l'avant et non à l'arrière. Cela vous évitera de manipuler bébé dans tous les sens. Préférez des tenues que bébé pourra porter tant de nuit que de jour, beaucoup de marques de créateurs en proposent aujourd'hui. Il est préférable de disposer d'au moins 7 tenues complètes afin de ne pas passer votre temps aux machines… vous aurez mieux à faire en cette période !

Pour plus tard, favorisez des tenues confortables qui laissent bébé libre de ses mouvements dans son exploration motrice.

Enfin, veillez à ne pas utiliser d'adoucissant dans les lessives car c'est un produit souvent très allergisant pour l'enfant.

Le matériel indispensable

Sachez qu'un bébé n'a pas besoin de beaucoup de choses, ne vous laissez pas berner par le marketing ! Le bébé a essentiellement besoin de ses parents et de leur présence sécurisante. La poussette dernier cri n'est pas indispensable... Un lit, un tapis d'éveil, deux livres sensoriels, quelques petits hochets, une écharpe pour être porté et câliné, et le tour est joué !

Nous vous avons sélectionné le matériel nécessaire pour les premiers mois de bébé, votre liste de naissance est déjà prête !

Le siège-auto

Indispensable pour sortir de la maternité ! Choisissez un siège-auto qui place l'enfant dos à la route et qui répond aux normes de sécurité en vigueur. Préférez une forme coque pour le siège-auto : la nacelle n'est pas sûre car l'enfant n'y est pas attaché. Veillez toutefois à ne pas laisser dormir bébé trop longtemps dans sa coque pour limiter le risque de plagiocéphalie (syndrome de la tête plate).

Biberons, tétines et hygiène

Pour éviter d'avoir à aller au supermarché à la sortie de maternité, prévoyez quelques indispensables au rayon biberonnerie et hygiène.

En ce qui concerne l'organisation des bains, prévoyez de quoi baigner votre enfant selon votre installation à la maison. Si vous avez une baignoire, c'est idéal pour pouvoir y allonger bébé et lui proposer un bain libre par exemple. Soyez tout de même vigilants à ne pas vous faire mal au dos, au périnée ou à votre cicatrice en cas de césarienne. Dans ces cas, ou si vous n'avez pas de baignoire, vous pouvez très bien donner les premiers bains dans le lavabo ou dans une petite baignoire en plastique posée sur une table. Prévoyez un thermomètre de bain pour vous assurer que l'eau est à environ 37°C. Cela rappellera à votre bébé la température du liquide amniotique.

Pour les changes, prévoyez une table à langer ou de quoi langer sur un lit par exemple. Faites également attention à préserver votre dos ! Utilisez une surface suffisamment haute.

La liste
DES ESSENTIELS

- ☐ Un biberon. Que vous souhaitiez allaiter au sein ou au biberon, prévoyez-en un au cas où, avec une tétine adaptée pour nouveau-né ! Privilégiez un biberon en verre ou en plastique sans bisphénol A.
- ☐ Plusieurs sucettes/tétines différentes, si possible celles avec une forme anatomique. En effet, le nourrisson a un fort besoin de succion à la naissance. Certains enfants apprécieront donc la sucette/tétine, d'autres non. Dans le doute, prévoyez !
- ☐ Une boîte de lait 1er âge (en cas de besoin d'un relais à l'allaitement maternel) et une bouteille d'eau, même en cas d'allaitement maternel au sein.
- ☐ Des couches de différentes tailles car on peut se faire surprendre par la taille et le poids de naissance de bébé !
- ☐ Du coton, un gant de toilette et un petit bol d'eau pour le change.
- ☐ Une huile et une crème naturelles pour soulager les irritations.

Le lit

Pour les premiers mois, l'idéal serait de prévoir un couffin ou, à défaut, de quoi réduire la taille du lit de sorte qu'il soit contenant et recrée le cocon utérin. Plus les parois seront proches de l'enfant, plus il aura ce sentiment de sécurité et sera apaisé. Lit à barreaux, au sol ou de cododo, peu importe du moment que vous êtes à l'aise avec votre choix.

Le tapis d'éveil

L'indispensable pour favoriser le développement d'une motricité harmonieuse est un tapis d'éveil respectueux de la physiologie de l'enfant. C'est un tapis de vie sans arche d'éveil intégrée, avec une fermeté suffisante pour que votre enfant explore ses nombreux appuis. En effet, l'arche d'éveil intégrée a bien souvent des couleurs et des sons qui sont trop stimulants pour l'enfant. De plus, l'arche est souvent positionnée, à tort, au-dessus de la tête de bébé, ce qui attire son regard vers le haut et va à l'encontre d'un développement psychomoteur harmonieux.

Idéalement, le tapis doit être de 120-140 cm pour favoriser les mouvements sur les côtés (retournements, déplacements), aux couleurs contrastées (noir-blanc avec quelques touches de rouge) pour respecter le développement neurovisuel de bébé. Des différences de matière sur le tapis permettront d'éveiller en douceur votre enfant à l'intégration sensorielle tactile.

Une écharpe de portage

Du côté des parents, l'écharpe de portage est un incontournable ! Elle vous permettra d'avoir les mains libres pour cuisiner, lire, vous promener tout en gardant bébé bien au chaud contre vous. Idéale pendant les phases de coliques du nourrisson, pour faciliter la digestion ou encore pour les endormissements chaotiques des débuts… Bref, croyez-nous, elle devrait être remboursée par la Sécurité sociale ! Pensez tout de même à prévoir un cours de portage pour être bien guidé et adopter les bonnes pratiques. Le portage doit en effet respecter la physiologie de l'enfant et quelques règles sont importantes à connaître. Soyez vigilants dans votre choix de porte-bébé ou d'écharpe de portage, ils ne respectent pas tous la physiologie du bébé. Demandez conseil à votre instructrice de portage !

Une poussette

La poussette est pratique pour partir en balade ! C'est aussi une alternative au porte bébé physiologique car elle permet de soulager son dos, son périnée ou sa cicatrice de césarienne. Choisissez-la avec une assise face à vous de sorte que bébé puisse être rassuré de vous voir en permanence. En grandissant, cette position vous permettra de décrypter et mettre en mots les réactions de votre enfant (réactions liées à la sensorialité extérieure : klaxon, tableaux publicitaires). Préférez une forme avec nacelle, plus respectueuse du développement de l'enfant car elle lui permet d'être allongé sur le dos de 0 à 6 mois sur une surface plane.

Quelques jeux d'éveil

Soyons clairs, ces petits jeux ne serviront pas avant l'âge de 3-4 mois mais ils ont le mérite d'enthousiasmer les parents et de décorer la chambre en attendant !

Il y en a pléthore, choisissez quelques hochets et livres sensoriels adaptés au développement de l'enfant.

Pour le hochet, veillez à ce qu'il stimule un seul sens à la fois : soit la vue, soit le toucher, soit l'audition.

Pour les livres sensoriels : préférez un livre sensoriel à fort contraste en noir et blanc ou rouge et blanc.

Une chaise haute

Concernant la chaise haute, veillez à ce qu'elle permette un appui des pieds et soit évolutive pour déplacer la planche au fur et à mesure que bébé grandit. Elle sera réellement utile quand bébé saura s'asseoir seul, entre 7 et 10 mois. Cet appuie-pied est important car l'enfant, en ressentant ses pieds en appui, saura mieux mobiliser et diriger son attention et sera mieux installé sur sa chaise pour la déglutition.

Vous aimeriez avoir une alternative à la chaise haute ? Prévoyez une petite table et une chaise à hauteur d'enfant ! Si votre enfant ne touche pas le sol, n'hésitez pas à mettre un livre ou tout autre support solide sous ses pieds.

Un transat

Le transat n'est pas un indispensable mais il peut s'avérer très utile de temps en temps. Il vous permettra de varier les positions de votre bébé, mais veillez à ne pas y poser bébé plus de 20 minutes à chaque session (une à deux fois par jour) et privilégiez le portage en écharpe durant les 3 premiers mois afin de limiter les risques de plagiocéphalie. Vous pouvez également l'utiliser pour mettre en sécurité l'enfant si vous devez prendre une douche rapidement ou pour les premiers repas lors de la diversification. Certains modèles permettent à l'enfant de s'auto-balancer et donc de s'auto-apaiser !

La liste de naissance idéale

À la naissance d'un enfant, les familles reçoivent souvent beaucoup de peluches, doudous et cadeaux en tous genres ! L'attention est bien sûr sympathique mais malheureusement, tous ces cadeaux ne vous sont pas forcément nécessaires. Afin d'éviter que la plupart soient remisés au placard, vous pouvez préparer en amont une liste de naissance. Cela permet de ne sélectionner que le matériel qui vous sera utile une fois bébé arrivé !

Au-delà du matériel précité, vous pouvez également demander des services qui vont vous aider à prendre soin de vous. Ce sera peut-être une liste de naissance peu commune mais qui aura le mérite de vous accompagner et de vous soulager dans votre post-partum !

Voici quelques exemples :
- des heures de ménage ;
- des heures de baby-sitter pour les aînés ;
- des repas tout prêts ;
- des massages pour vous ressourcer.

2.2. ANTICIPEZ LE RETOUR À LA MAISON

Des repas pour le post-partum

Nous avons tous en tête les vertus d'une alimentation équilibrée sur le corps mais aussi sur l'esprit. Quelle que soit votre organisation familiale, que ce soit votre premier enfant, que vous en ayez déjà un, deux ou trois, l'intendance prend du temps, et le temps sera précieux à votre retour à la maison.

Nous vous avons donc sélectionné quelques astuces pour manger sainement tout en ayant l'esprit le plus disponible pour votre bébé.
- Le *batch cooking* est une méthode simple qui permet de planifier et d'anticiper ses repas : le but est de cuisiner (couper, peler, cuire, conditionner) séparément plusieurs ingrédients pour n'avoir plus qu'à les assembler ou les réchauffer pour vos repas. Il faut donc avoir des menus en tête et une liste de course associée au préalable.
- Une autre astuce serait de vous organiser en préparant des repas en amont et de les congeler. Prévoir plusieurs déjeuners et dîners pour le post-partum pour n'avoir plus qu'à les mettre au micro-onde limitera votre charge mentale ! Si votre congélateur ne vous permet pas de stocker suffisamment, pensez à remplir celui de vos parents, amis proches ou même celui de vos voisins qui pourront vous apporter les plats lors de leurs visites.

- De plus en plus de box de cuisine émergent et permettent la livraison de panier repas à domicile. L'idée : on vous livre les ingrédients et la recette est prête en moins de 30 minutes. Un coup de pouce qui pourra être appréciable au retour à la maison !
- À défaut de pouvoir appliquer ces astuces précédentes, pensez à remplir :
  - vos placards de féculents, de légumes secs, de graines et de poissons en conserve qui sont excellents pour la santé ;
  - votre congélateur de légumes surgelés, viandes, herbes aromatiques ;
  - votre frigo de produits frais.

Il est désormais assez facile de se faire livrer ses courses, n'hésitez pas à prévoir vos listes à l'avance et à planifier des livraisons pour éviter la cohue des grandes surfaces.

Fiche récap

X Après la naissance de votre bébé, il faudra planifier les visites avec un pédiatre ou avec un médecin généraliste qui a l'habitude de s'occuper des enfants : la première visite se fait à J+10 ou J+15, puis 1 fois par mois la première année. Il est pratique d'avoir un nom en tête ; n'hésitez pas à demander des contacts à vos personnes-ressources, vos amis, vos voisins.

X Il faudra anticiper également le mode d'accueil de votre enfant à la reprise de votre travail : crèche (municipale, d'entreprise, parentale ou privée), assistante maternelle, nourrice, halte-garderie. Ce mode de garde doit être adapté à votre organisation personnelle, vos horaires de travail, vos envies respectives...

X L'inscription pour les crèches municipales se fait dès le 6e mois de grossesse en contactant la mairie de votre lieu de résidence. N'oubliez pas d'envoyer l'extrait d'acte de naissance afin de valider votre inscription. Cependant vous n'aurez une réponse qu'après la naissance de votre enfant, prévoyez une alternative.

X Pensez à demander à votre entreprise si elle propose des places en crèche réservées à ses salariés.

X Enfin il faudra planifier votre rééducation du périnée avec votre sage-femme ou un kinésithérapeute. Nous vous conseillons de la faire à proximité de votre domicile ou de votre lieu de travail.

3
La maternité

3.1 BIEN CHOISIR SON ACCOMPAGNEMENT

Maternité, maison de naissance ou accouchement à domicile ?

Si vous faites le choix d'un accouchement en maternité, choisissez-la en fonction de vos besoins et préférences. Il est essentiel que vous soyez en accord avec votre choix. En France il existe trois niveaux de maternité, classés en fonction de leur prise en charge pédiatrique et maternelle :

- **Niveau 1 :** accueille les grossesses à bas risque et les nouveau-nés à terme (37 semaines d'aménorrhées : à partir de 37 SA)
- **Niveau 2 :** accueille les grossesses à moyen risque. Le niveau 2A accueille les nouveau-nés à partir de 34 SA et ont un service de néonatologie. Le niveau 2B accueille les nouveau-nés à partir 32 SA – en plus du service de néonatologie, ils comptent quelques lits de soins intensifs.
- **Niveau 3 :** accueille les grossesses à haut risque. Il a un service de réanimation néonatale et peut accueillir les nouveau-nés de grande prématurité (< 32 SA)

Certaines maternités sont labellisées :

- encourageant et soutenant l'allaitement maternel (IHAB-Initiative Hôpital Ami des Bébés) ;
- maternité bienveillante (transparence de l'information, amélioration de la qualité de soins, la sécurité et la bientraitance des patientes) ;
- maternité amie des papas (favorise la place du coparent) ;
- ou affichent des spécialités (accouchement naturel, baignoires, hypnose, acupuncture).

Les maisons de naissance sont des structures autonomes gérées par des sage-femmes, destinées aux couples qui désirent un accouchement moins médicalisé. Ces structures sont rattachées à des établissements de santé en gynécologie et obstétrique. Les critères d'éligibilité sont très précis et évoluent constamment au cours de la grossesse.

Enfin, un troisième choix s'offre à vous pour accoucher, celui de l'accouchement à domicile. On parle d'accompagnement global à la naissance puisqu'une sage-femme suit la future maman tout au long de la grossesse, pendant l'accouchement et en post-partum. Cela permet d'avoir un suivi plus personnalisé et un accouchement sur-mesure et non médicalisé. Néanmoins, cela requiert que toutes les conditions optimales soient réunies et de trouver une sage-femme qui le pratique.

Prendre ses marques à la maternité choisie

Les maternités proposent de vous faire visiter leurs locaux (consultations, salle d'accouchement, chambre…), physiquement ou par vidéo. Cela peut vous permettre de vous projeter pour le jour J. Renseignez-vous sur les accompagnants autorisés, les horaires de visite, les démarches à effectuer pour avoir une chambre seule, les modalités de la déclaration de naissance, etc. Le fait de poser ces questions va vous permettre de vous imprégner de cet endroit et de le connaître. On se sent toujours plus en confiance dans un lieu qui nous est familier.

S'organiser pendant sa grossesse

Gardez en tête que votre bébé peut arriver un peu avant la date du terme et que les derniers mois de grossesse sont fatigants. La femme enceinte a moins d'énergie, elle est aussi de plus en plus limitée dans ses déplacements et mouvements. Les nuits sont plus compliquées et la fatigue s'accumule. Mettre en place un planning de ce qui est à prévoir tout au long de la grossesse permet de ne pas se laisser surprendre par le temps qui passe vite !

CHECK-LIST

- ☐ Choisir sa maternité/accompagnement
- ☐ Première échographie
- ☐ Démarches employeur/CAF
- ☐ Préparer la chambre
- ☐ Deuxième échographie
- ☐ Prévoir le matériel indispensable
- ☐ Prévoir la garde des autres enfants le jour de l'accouchement
- ☐ Prévoir la garde de l'enfant après le congé maternité
- ☐ Faire une lessive de vêtements et doudous
- ☐ Préparer 1 mois de repas à l'avance à congeler
- ☐ Faire la valise de maternité
- ☐ Contrôler les visites à la maison: les planifier et les espacer dans le temps pour se reposer
- ☐ Déclaration de naissance

3.2. LE PROJET DE NAISSANCE

Un projet de naissance ? Non, ce n'est pas une idée de bobo parisien ni un plan d'attaque ! Encore une fois, prévoir, planifier permet de retrouver un peu de contrôle dans cette aventure où l'on ne maîtrise pas tout, loin de là. Les parents peuvent donc faire des choix. C'est aussi une manière de ne pas avoir à gérer des frustrations, des regrets, car dans le feu de l'action on ne peut pas penser à tout. Prévoir en amont son accouchement est donc largement préférable. Concrètement, il s'agit de faire le point sur ce vous voulez ou ne voulez pas le jour J, et le transmettre aux équipes de la maternité afin que vos souhaits soient respectés (sauf en cas d'urgence, bien entendu).

Pensez à informer de vos souhaits l'équipe médicale avant le jour J pour qu'elle puisse vous dire ce qui est faisable ou non. Bien sûr, votre projet peut évoluer, s'adapter à de nouvelles envies, l'idée est de rester souple ! Enfin, gardez en tête que, peut-être, les choses vont se dérouler différemment et qu'il ne s'agit que de souhaits.

QUELQUES EXEMPLES...

- ☐ Playlist pendant le travail
- ☐ Peau-à-peau à la naissance
- ☐ Tétée d'accueil ou non
- ☐ Soins retardés si non nécessaires
- ☐ Coparent qui coupe le cordon
- ☐ Pas de tétine au bébé si séparation à la pouponnière
- ☐ Pas de bain les premiers jours
- ☐ Si césarienne d'urgence : est-ce que le coparent peut être présent lors de la césarienne ?

3.3. LA VALISE DE MATERNITÉ

Il est important de se sentir à son aise, un peu comme à la maison, pour bien vivre ses premiers jours à la maternité. Voici deux listes non exhaustives dont vous pouvez vous inspirer pour vous assurer un confort maximal à la maternité.

Liste mémo

POUR BÉBÉ

- ☐ Grands langes pour éventuellement emmailloter bébé
- ☐ Pyjamas avec des fermetures zip ou des pressions devant pour plus de facilité d'habillage
- ☐ Des bodys qui ne s'enfilent pas par la tête
- ☐ Des brassières en laine même en été car le bébé ne peut pas encore réguler sa température
- ☐ Des bonnets de tailles différentes, des chaussettes, des chaussons en laine, une cape de bain, un thermomètre
- ☐ Une turbulette chaude
- ☐ Une combinaison ou couverture chaude pour le siège-auto (pour mémo : pas de manteau ou de combinaison dans le siège-auto)

Liste mémo

POUR MAMAN

- [ ] Veilleuse
- [ ] Chaussons/Tongs
- [ ] Bouilloire
- [ ] Tasse
- [ ] Tisanes (dont tisanes d'allaitement)
- [ ] Tapis de bain
- [ ] Petite bouillote
- [ ] Papier toilette doux
- [ ] Gel cicatrisant
- [ ] Carnet et stylos
- [ ] Chargeur de téléphone
- [ ] Sac à linge
- [ ] Serviettes de toilette
- [ ] Petit miroir
- [ ] Un paréo
- [ ] 2 pyjamas
- [ ] 3 tenues de jour
- [ ] Soutien-gorge d'allaitement/vêtements d'allaitement
- [ ] Coussinets d'allaitement/coquilles d'allaitement
- [ ] Culottes menstruelles et culottes filet
- [ ] Protections hygiéniques
- [ ] Lingettes démaquillantes
- [ ] Paquet de mouchoirs
- [ ] Bouteille d'eau plate
- [ ] Jus de fruits sans pulpe, sans lait, sans bulle
- [ ] Amandes, fruits secs, barres céréales
- [ ] Long t-shirt
- [ ] Maillot de bain
- [ ] Dossier de grossesse
- [ ] Projet d'accouchement
- [ ] Bonne playlist
- [ ] Ne pas oublier le sac avant d'entrer en salle d'accouchement, l'attente peut être longue et il est nécessaire d'avoir des outils pour se détendre et se créer de jolis souvenirs

Liste mémo

POUR PAPA

- [ ] Monnaie pour les allers/retours à la machine à café
- [ ] De quoi grignoter et s'hydrater
- [ ] Vêtements confortables
- [ ] Un peu de lecture pour les moments où la maman dort
- [ ] Pourquoi pas un jeu

CHAPITRE 2

Le post-partum

1
Qu'est-ce que le post-partum ?

Le mot post-partum vient du latin *post* qui signifie « après » et *partus* qui signifie « accouchement » : il désigne donc la période qui suit l'accouchement. Ce moment est tout particulier dans la vie d'une femme car, tout comme la grossesse, il comprend d'intenses bouleversements à la fois physiques et psychiques. Décidément, oui, le corps et l'esprit sont plus que jamais liés, surtout quand il s'agit de la grossesse et de la maternité !

Il n'y a pas de consensus sur la durée du post-partum. Pour certains spécialistes, il s'agit du temps entre l'accouchement et le retour des règles, pour d'autres il dure 6 semaines, 3 mois ou encore 1 an. Pour notre part, nous pensons que la durée du post-partum est subjective et varie selon le ressenti de chaque femme.

Dans ce livre, nous distinguerons deux périodes du post-partum :

- le post-partum immédiat qui correspond aux quelques jours à la maternité,
- et les suites de couches jusqu'à 3 mois post-accouchement.

De plus en plus de concepts nouveaux émergent au sujet du post-partum, comme le « mois d'or » ou le « quatrième trimestre », qui mettent en lumière cette période particulière après la naissance d'un enfant. Cela montre très clairement son importance et le besoin qu'il y a d'accompagner les parents. Ces concepts normalisent aussi la nécessité de se recentrer, d'être entouré et de s'écouter en post-partum. Chaque concept a ses limites mais chacun peut y trouver son compte, il faut être souple et prendre ce dont on a besoin selon notre vie ou notre façon de penser. Ce ne sont pas des conseils à suivre à la lettre mais on peut s'en inspirer et ils donnent une ligne directrice. Piochez-y ce que vous voulez !

1.1. DES POST-PARTUM

Puisque la durée du post-partum est subjective, il nous paraît plus pertinent de dire qu'il n'y a pas un post-partum mais des post-partum ! Il y en a autant que de femmes et de façons de vivre cette période. Par ailleurs, pour une même maman, il ne sera pas vécu de la même façon pour un premier enfant ou un deuxième, troisième…

Chaque femme et chaque homme a son propre ressenti, essayez donc d'être au plus près de VOS ressentis car ce qui a été difficile pour certains ne le sera pas pour d'autres. Nous vous encourageons, jeunes parents, à vous mettre dans votre bulle, à vivre l'instant présent et à vous entourer de vos personnes-ressources bienveillantes afin que vous puissiez répondre aux besoins de votre bébé sereinement.

1.2. UNE HISTOIRE DE COUPLE

Certes, le post-partum va influer plus fortement sur la femme : son corps va vivre de multiples changements hormonaux, physiologiques et psychiques, néanmoins il est essentiel de comprendre, pour le couple et l'enfant, que ces effets concernent toute la famille.

Le post-partum est bel et bien une histoire de couple. Il affecte la mère et le coparent, et il est particulièrement important d'être compréhensif l'un envers l'autre pendant cette période : au sein du couple, chacun vit les choses à sa manière, la maman est souvent dans un état de fusion avec le bébé, c'est tout à fait normal qu'elle soit centrée sur le bébé ; l'enjeu, pour le coparent, sera de réussir à prendre sa place. C'est donc un « travail d'équipe » en perpétuel réajustement. Les liens familiaux ne sont pas figés et la complémentarité du couple laissera de la place pour tout le monde.

2
Les enjeux du post-partum

Les enjeux du post-partum sont nombreux pour la famille et le bébé mais aussi pour la société. C'est un sujet qui, bien qu'intime, entraîne des conséquences collectives et qui doit, par conséquent, être également envisagé collectivement.

2.1. LES ENJEUX FAMILIAUX

Chez la femme

Pour la femme qui vient d'accoucher, les premiers instants du post-partum sont une période de transition intense et éprouvante dont les enjeux sont triples.

- Tout d'abord, il est assez évident qu'il y a un enjeu physique car la jeune accouchée a vécu un événement éprouvant pour le corps lors de l'accouchement : elle n'a pas le même corps qu'avant. Que ce soit par voie basse ou par césarienne, le corps ayant transmis la vie va à nouveau connaître des transformations les mois suivants.
- Puis psychiquement, nous en avons déjà parlé, il s'agit d'une période sensible pour la femme. La naissance vient également imposer le deuil de la grossesse et peut entraîner des difficultés face à ce ventre vide, à la séparation avec le bébé.
- Enfin, il y a également un enjeu sociétal important que l'on oublie souvent. En effet, la femme accède à un nouveau statut de mère.

Chez l'homme ou le coparent

Ne l'oublions pas, le post-partum ne concerne pas que la mère ! Au contraire, il est important de redonner sa place au coparent pendant cette période. Lui aussi accède à un nouveau statut de parent et si l'accouchement n'a pas d'impact physique direct sur lui, il peut tout de même souffrir de fatigue du fait des petites nuits et de l'énergie que demande un nouveau-né. Lui aussi doit prendre ses marques dans cette nouvelle vie, prendre le temps de créer un lien avec son enfant et soutenir la maman.

Afin de mieux appréhender ce nouveau rôle, l'homme peut se rapprocher d'autres jeunes papas de son entourage pour partager leurs vécus. Il existe également de plus en plus de groupes de papas dans des associations, les maternités ou même sur les réseaux sociaux. Se documenter peut également aider les coparents à comprendre ce qu'ils sont en train de traverser.

Dans le couple

Il est nécessaire de retrouver un équilibre de couple après la naissance d'un enfant. Ce changement peut entraîner des conflits entre les parents car la manière dont chacun devient parent est en grande partie liée à l'expérience des premiers liens tissés avec le nouveau-né. Or, devenir parent se fait à deux et il faut alors composer avec l'histoire familiale, les codes et les envies des deux parents.

Intergénérationnel

Devenir parent est également une histoire de famille puisque cela signifie un changement de statut dans la lignée générationnelle. La jeune mère n'est plus uniquement la fille de ses parents mais devient à son tour mère de famille, et il en va de même pour le jeune coparent. Les parents deviennent quant à eux grands-parents. Cette période de déséquilibre entre les générations va permettre à chacun de trouver sa nouvelle place et d'en créer une pour le bébé au sein de sa famille. Ne soyez pas surpris si des tensions surviennent avec vos propres parents ou votre belle-famille lors de cette transition ! Par exemple, vous aurez peut-être tendance à remettre en question la manière dont vous avez été élevé ou à voir resurgir de vieilles rancunes familiales. Là encore une bonne communication, notamment entre les conjoints, vous aidera à dépasser ce chamboulement familial.

Et puis dans la vie de ce bébé, chacun a sa place toute privilégiée. N'oublions pas ce proverbe africain qui nous le rappelle :

> Il faut tout un village
> pour élever un enfant.

Témoignage

Virginie
Maman d'Alma, 2 ans.

« J'ai toujours été très proche de ma maman, elle a toujours été auprès de moi pendant les périodes clés de ma vie. C'est donc elle que j'ai tout de suite appelée lorsque j'ai su que j'étais enceinte. Mais à la naissance d'Alma, je n'ai pas compris pourquoi, bien qu'elle fût très présente, elle se montra également distante avec moi. Elle est devenue un peu bizarre, je ne comprenais pas son comportement. Elle ne savait pas quoi faire, elle restait silencieuse... J'étais complètement perdue, moi qui avais tant besoin de ma maman. Il a fallu quelques semaines pour qu'on trouve notre nouvel équilibre. Heureusement, nous avons pu en discuter. »

2.2. CHEZ LE BÉBÉ

Pour le bébé, les enjeux du post-partum sont immenses. Tout d'abord, il doit découvrir ce nouveau monde qui n'est plus aquatique mais beaucoup plus stimulant, qui apporte son lot de frustrations aussi car l'enfant n'est plus alimenté ni porté continuellement. Puis, il doit apprendre à connaître ses parents, à découvrir leur fonctionnement, leurs habitudes. De cette rencontre va se créer le lien d'attachement, c'est-à-dire le lien que l'enfant va tisser avec ses parents et qui lui assurera l'assistance de son parent en cas de besoin. Cela va permettre à l'enfant de se sentir en sécurité et de comprendre qu'il peut compter sur ses parents. Les bénéfices sont nombreux car si l'enfant se sent en sécurité, il pourra alors se consacrer aux apprentissages, à l'exploration de son environnement. Ce lien d'attachement sera ensuite une base pour toutes les futures relations sociales et intimes de l'enfant.

Enfin, le bébé fait l'expérience de la confrontation du bébé réel au bébé imaginé par son parent, c'est-à-dire que le parent compare le bébé tel qu'il est, avec ses défauts, ses qualités, ses besoins, ses particularités, au bébé dont il a rêvé et idéalisé pendant la grossesse. Ce choc peut être plus ou moins important pour les parents et va jouer dans le lien d'attachement.

2.3. SOCIÉTAUX ET POLITIQUES

Les enjeux du post-partum sont aussi sociétaux car la société a une grande part de responsabilité dans la façon dont la maternité est perçue et vécue. Bien souvent, la parentalité est idéalisée et vue comme une période d'épanouissement. Les parents ressentent alors une certaine forme de pression, d'injonction inconsciente à se montrer à la hauteur de cette parentalité idéale. La confrontation avec la véritable parentalité (celle du quotidien, pas celle des magazines) est souvent violente. Les parents ne s'attendaient pas à ce que ce soit si dur. Notre société impose un modèle de parents performants : il faut être un bon parent, un parent modèle en toute circonstance et quoi qu'il arrive. Mais cela est impossible !

Bien sûr, la parentalité peut être extrêmement épanouissante et les parents pour qui l'accueil d'un enfant est facile se reconnaîtront dans les discours positifs. Heureusement et tant mieux ! Mais, parfois, la réalité est tout autre et la maternité/paternité est loin d'être un long fleuve tranquille. Elle n'est pas toujours pleinement épanouissante car la fatigue et l'irritabilité sont plus fréquentes que les moments de joie pour la plupart des nouveaux parents. C'est une épreuve, un chamboulement qui est aussi dur que beau. C'est pour cela que le soutien de l'entourage est primordial.

Le post-partum est également un enjeu pour la vie professionnelle des jeunes parents. Les congés maternité et paternité, bien que récemment allongés, ne sont toujours pas adaptés à l'accompagnement d'un nouveau-né et ne permettent pas d'offrir aux parents le choix de rester plus longtemps avec leur enfant. Certains vont donc reprendre le travail plus vite qu'ils ne le souhaiteraient, car c'est une nécessité financière, d'autres se verront imposer un congé trop long à leur goût. En réponse à ce problème, certaines entreprises commencent à s'intéresser à la parentalité d'aujourd'hui et à le prendre en compte dans leur management. Des labels spécifiques sont décernés pour celles qui prennent des engagements dans ce sens, lesquels deviennent un argument de taille dans le recrutement de nouveaux talents.

Depuis quelque temps, nous avons le plaisir de constater que la sphère politique s'intéresse davantage à l'accompagnement de la parentalité. Les récentes mesures gouvernementales, avec le plan des 1 000 premiers jours lancé en 2019, illustre la volonté de faire bouger les lignes. Par ce projet, la classe politique tente notamment de promouvoir le repérage précoce des troubles périnataux – par exemple la mise en place, à partir de 2022, d'un entretien systématique avec une sage-femme ou un médecin formé au repérage des troubles précoces autour de la 5e semaine suivant l'accouchement et, en cas de vulnérabilité maternelle à la 12e semaine. C'est une petite avancée dont on peut déjà se féliciter. Un premier pas qui, nous l'espérons, permettra de mieux accompagner les jeunes familles, lever les tabous et libérer la parole... Prendre soin des jeunes parents est une manière importante de prendre soin de la société actuelle et de celle de demain.

CHAPITRE 3

Le séjour à la maternité

Le séjour en maternité dure en général 3 à 5 jours. La façon dont on vit ce séjour dépend de chacune, il peut paraître long à certaines ou trop court à d'autres. N'hésitez pas à en parler aux professionnels qui vous entourent, peut-être pourront-ils prendre des dispositions adaptées à vos besoins.

–

Le post-partum immédiat est une période intense émotionnellement, mais aussi physiquement. La fatigue de l'accouchement associée au manque de sommeil, le tout saupoudré d'une dose d'amour qui vous envahit font un mélange plutôt explosif ! Pour cela, il est important de bien s'entourer des professionnels en qui vous avez confiance et de personnes-ressources.

–

Au-delà de la surveillance médicale, l'objectif de l'accompagnement en maternité est de vous permettre de vous ménager, car vous n'aurez pas d'autre obligation que vous reposer et vous occuper de votre bébé. C'est aussi l'occasion d'oser dire ce qui vous préoccupe, de vous exprimer auprès des professionnels qui sont là pour vous rassurer, vous écouter et vous accompagner dans cette découverte de la parentalité. L'idée est que vous vous sentiez le mieux possible pour votre retour à la maison et que vous soyez préparée au rythme des premiers jours.

1
S'entourer à la maternité

1.1. LE COPARENT À LA MATERNITÉ

L'accueil des coparents

Les coparents ont bien évidemment leur place à la maternité. Ils peuvent être présents dès l'arrivée de la mère, assister au pré-travail, à l'accouchement puis séjourner avec la maman et le bébé (sauf dans les chambres doubles).

De plus en plus de maternités favorisent la présence des pères même en cas de césarienne. N'hésitez pas à en parler avec l'équipe médicale et vous renseigner sur les modalités d'accueil.

Le rôle du coparent

Le coparent tient une place importante lors du séjour à la maternité. Il prodigue un accompagnement et un support émotionnel à la jeune maman par sa présence, son soutien et son écoute. Il fait également le lien entre la jeune maman, l'équipe médicale, le bébé et l'environnement. En ce sens, il assure la continuité du cocon familial. S'il n'y a pas de coparent, vous pouvez aussi compter sur vos personnes-ressources !

Témoignages

Laurence

maman de Pia, 4 mois

Laurence devait accoucher par césarienne et l'idée de ne pas pouvoir s'occuper de son enfant pendant qu'elle serait en salle de réveil lui était insupportable. Après en avoir discuté avec le papa, cela l'a beaucoup rassurée de savoir qu'il pourrait assurer le portage et les premiers soins de leur bébé en attendant son retour en chambre.

Céline

maman de Justine, 2 mois

Céline a accouché d'une petite fille à la maternité. L'acclimatation dans cette chambre d'hôpital a été difficile pour elle car ce n'était pas assez chaleureux à son goût. Heureusement, son mari lui a apporté des draps de la maison : « Qu'est-ce que ça m'a fait du bien de dormir dans des draps qui sentent bon ! »

Cependant, il n'est pas toujours facile de trouver sa place en tant que coparent. Durant les premiers jours, la maman se crée une bulle pour retrouver la fusion de la grossesse. Cela permet aussi de mettre en place des liens avec son bébé. Parfois, la fusion entre la mère et l'enfant est telle qu'il peut être difficile pour le coparent de trouver sa place dans la famille. Il peut éprouver un sentiment d'impuissance et de mise à l'écart et se trouver inutile face à sa conjointe. Il peut arriver aussi que certaines femmes soient agacées par la présence du coparent et l'on observe parfois un rejet du coparent. Bien que ces sentiments soient tout à fait légitimes, veillez à rester à l'écoute et bienveillants l'un envers l'autre. Une bonne communication vous permettra aussi de vivre ces moments plus sereinement.

1.2. L'ENTOURAGE

Bien souvent, les proches sont très désireux de rendre visite et de faire connaissance avec le nouveau-né dès le séjour à la maternité. Si certains couples apprécient beaucoup la farandole des grands-parents et autres oncles et tantes, d'autres vivent cela comme intrusif et fatiguant. N'hésitez donc pas à vous écouter et à accepter ou refuser ces visites selon vos envies.

Refuser ou limiter les visites, c'est aussi protéger votre petite bulle si particulière de ces premiers jours. C'est un moment à chérir : prenez le temps de faire connaissance avec votre bébé, de l'observer, d'apprendre à vous en occuper et, surtout, de vous reposer. Profitez-en car pendant ce temps vous serez libérés des tâches ménagères et de l'intendance, ce sera une petite parenthèse qu'il vous faudra mettre à profit au maximum. Ce temps de rencontre avec le bébé n'est pas à négliger car il vous affirmera dans vos compétences parentales. En effet, l'interdiction des visites durant la pandémie a mis en avant les grands bénéfices de cette mesure dans la création du lien parent-bébé. Les couples se sont recentrés sur l'arrivée de leur bébé et ont pu alors créer une bulle. Ils ont été plus disponibles pour se rencontrer car moins sollicités par l'extérieur. Rassurez-vous, cet isolement relatif n'a aucune conséquence négative sur la qualité des liens que tissera l'enfant avec son entourage, et vos proches auront tout le temps par la suite pour faire sa connaissance.

Si, au contraire, vous souhaitez être entourés et recevoir de la visite, profitez-en : vous n'aurez pas à faire le ménage avant l'arrivée des visiteurs ! Nous vous conseillons tout de même de ne pas prévoir trop de monde sur une même journée afin de vous préserver et de vous reposer. Une grande et belle aventure vous attend et vous aurez besoin de prendre des forces avant le retour à la maison.

2
La salle d'accouchement

À votre arrivée à la maternité, les sage-femmes vont déterminer si vous êtes en travail. On parle de travail lorsque les contractions utérines sont efficaces et modifient votre col utérin. La durée du travail varie d'une femme à l'autre ; il est difficile d'en déterminer à l'avance la durée.

Si le travail n'en est qu'à son début (on parle de pré-travail ou de phase de latence), on peut vous proposer de marcher, de vous installer dans une salle de pré-travail ou dans une chambre pour pratiquer des exercices sur un ballon qui vont mobiliser votre bassin et aider à la descente de votre bébé, prendre une douche ou un bain… et réévaluer l'état d'avancée du travail un peu plus tard.

Lorsque le travail a vraiment commencé, on vous accompagne dans une salle d'accouchement.

2.1. L'ACCOUCHEMENT

Une fois en salle d'accouchement, nous distinguons quatre phases :

- l'effacement et la dilatation du col jusqu'à dix centimètres,
- la descente de votre bébé dans votre bassin,
- l'expulsion qui correspond aux efforts de poussée conduisant à la naissance de votre enfant,
- la délivrance ou l'expulsion du placenta.

La naissance d'un enfant est un moment unique, intense et bouleversant tant pour la mère et le coparent que pour le bébé. Intense car on oscille entre douleur, peur panique, joie, bonheur, angoisse, espoir, énergie, fatigue, surpassement de soi… La plupart du temps tout se passe bien, mais parfois le vécu est traumatique, douloureux, décevant. Les choses ne se passeront pas forcément comme vous les aviez imaginées, et c'est normal. Vous pensiez que le travail allait durer des heures, et finalement vous avez tout juste eu le temps de vous rendre à la maternité et votre bébé est arrivé, vous n'aviez pas pensé avoir une césarienne en urgence, votre conjoint n'a pas pu être à vos côtés car il était en déplacement, vous vouliez accoucher sans péridurale et finalement vous l'avez demandée… tant de choses peuvent se dérouler différemment de ce que vous aviez imaginé ! C'est ce qui fait la beauté de ce moment pendant lequel on ne contrôle pas tout, pendant lequel on prend la vie telle qu'elle vient.

Il est essentiel de prendre conscience de cela afin de vous dégager de toute culpabilité. Pour cela, dès que vous sentirez que c'est le bon moment, racontez votre accouchement à une personne-ressource.

La rencontre avec votre bébé

Voilà : le moment tant attendu arrive, celui où vous pouvez enfin tenir votre bébé dans vos bras. Il est là, il a les cheveux plus bruns que vous ne l'aviez imaginé, vous l'aviez pensé plus grand, ses yeux ne ressemblent pas à ceux de son papa, sa peau est plus claire que la vôtre, c'est une fille alors que vous pensiez attendre un garçon… bref ce bébé est probablement différent de l'image que vous aviez de lui, mais peu importe : il est beau, tout simplement parce que c'est votre bébé. Cette rencontre est unique et singulière, à l'image du lien parent-enfant. Même si vous avez déjà des enfants, chaque rencontre est unique. Ce bébé tout juste né est singulier, il arrive à un moment particulier de votre vie, dans des circonstances bien particulières.

La naissance de votre enfant est de ces moments précieux qui resteront à jamais gravés en vous, alors si nous avions un seul conseil à vous donner, ce serait de vivre l'instant présent ! Profitez de ce moment suspendu pour vous recentrer sur ce que vous vivez, laissez-vous guider par vos ressentis, votre bébé et votre conjoint. Vivez pleinement ce temps de rencontre à trois. Le monde extérieur peut attendre, il sera toujours temps, plus tard, d'annoncer à toutes vos relations la naissance de votre enfant et de faire fuser les premières photos sur les réseaux sociaux.

Parfois, cette rencontre entre le bébé et ses parents ne peut pas se faire dès la naissance à cause de l'histoire douloureuse d'un des parents, d'un accouchement traumatique, d'une complication médicale, etc. Rassurez-vous, l'être humain est doté de ressources inépuisables et de fabuleuses capacités d'adaptation et cette rencontre peut être reportée sans que l'enfant en souffre. Si le report de la rencontre avec votre bébé est douloureux pour vous, faites-vous soutenir pour ne pas laisser ces blessures s'immiscer dans la relation avec votre bébé.

À la naissance, les bébés vivent un état d'éveil particulier d'une à deux heures sous l'influence notamment des catécholamines (adrénaline) sécrétées pendant l'accouchement. Cet état d'éveil exceptionnel exacerbe ses sens, lui permet de s'adapter à la découverte du monde extérieur et de rencontrer ses parents, ses figures d'attachement sur lesquelles il va s'appuyer pour assurer son besoin fondamental de sécurité. Les premiers regards échangés entre le bébé et ses parents sont souvent décrits comme le vrai moment de la naissance par les parents. Les bébés, dès la naissance, sont attirés par le triangle formé par la ligne des yeux et de la bouche, et semblent en quête de leurs parents. Alors, prenez le temps de parler à votre nouveau-né, racontez-lui vos plus belles histoires et n'hésitez pas à échanger des regards pendant les courts instants d'éveil du nourrisson.

> Être parent c'est avant tout
> l'histoire d'une rencontre.
>
> *Dr Anne Raynaud*

Le vécu du coparent pendant le travail et l'accouchement

Le travail et l'accouchement sont également des moments émotionnellement intenses pour le coparent. Bien souvent, il accompagne sa compagne et est témoin de sa douleur.

Certains coparents se montrent angoissés par ce qu'il pourrait se passer et craignent pour la santé de leur compagne et du bébé. Ils peuvent aussi se sentir impuissants face à la douleur de leur conjointe et ne plus savoir quoi faire ni comment réagir pour la soutenir. L'impossibilité de porter soutien à sa femme ou à son bébé peut être vécue de façon douloureuse, voire traumatique par le coparent qui accompagne la mère dans la naissance. Oui, on peut le dire, certains vont même vivre un sentiment de panique.

Témoignage

Antoine
papa d'Elliott, 4 ans

« Lorsque ma femme était en travail, je me souviens que j'étais tellement stressé... Je vous assure, j'étais dans un véritable état de panique, à tel point que la sage-femme a fini par me proposer d'aller dans la baignoire de la salle nature pour me détendre ! Nous en rions beaucoup maintenant mais sur le coup je ne faisais pas le fier ! »

Voici deux astuces pour vous aider :

- Discutez avec votre compagne en amont ou pendant le travail sur ce qui peut la soulager et ce qu'elle attend de vous.
- Cherchez de l'aide auprès de votre entourage et des équipes soignantes. Passez un petit coup de fil à votre meilleur ami qui vient d'être papa ou à votre sœur qui a quatre enfants... Cela pourra peut-être vous rassurer ou vous changer les idées.

2.2. LE POST-PARTUM IMMÉDIAT

Après avoir accueilli votre bébé, vous allez rester quelques heures dans la salle de naissance (en règle générale 2 heures) avant de rejoindre votre chambre. Lorsque le travail et l'accouchement ont duré un certain temps, ce moment peut paraître long mais il est nécessaire. En effet, pendant cette période appelée **post-partum immédiat**, il existe un risque d'hémorragie que l'équipe médicale doit contrôler ; vous êtes donc surveillée régulièrement sur le plan médical (saignements, involution utérine, tension artérielle, pouls, température, dissipation de l'effet de la péridurale...).

Après deux heures de surveillance, vous quittez la salle d'accouchement avec votre bébé pour aller dans le service des accouchées : les suites de couches.

Ce transfert se fait en fauteuil, non pas que vous soyez malade mais parce que la péridurale ne s'est peut-être pas complètement dissipée. Votre bébé est dans son berceau, poussé par le coparent.

Les premiers soins

Dans un premier temps, votre bébé va recevoir ses premiers soins : pesée, prise des mensurations, température, soin du cordon ombilical et premier examen clinique par la sage-femme. Il n'y aura pas de bain pendant les premières 24 heures, cela n'est pas nécessaire : votre bébé n'est pas sale et, qui plus est, un bain pourrait le refroidir. En effet, imaginez ce que ressent votre bébé, qui passe d'un milieu à 37°C constant (la température de votre utérus) à 21°C (température de la salle d'accouchement). Pour adoucir cette différence de température, nous vous recommandons de faire du **peau-à-peau** ; cela permet à votre bébé de vivre en douceur la transition de votre ventre vers le monde extérieur. De plus, c'est un moment privilégié pour vous et votre bébé.

LE PEAU-À-PEAU, qu'est-ce que c'est ?

—

Cette pratique consiste à mettre votre bébé nu (ou en couche) contre vous, à même votre peau au niveau de votre poitrine pour qu'il ressente votre chaleur, votre odeur et perçoive la douceur de votre peau. Ces sensations déclenchent des comportements innés chez lui qui faciliteront entre autres la prise du sein.

Chez vous, ces mêmes sensations déclenchent la production d'ocytocine. Comme nous l'avons déjà évoqué, cette hormone entraîne une diminution du stress maternel, une meilleure réponse aux comportements du bébé et un renforcement du lien parent-enfant.

Les bienfaits du peau-à peau pour votre bébé sont nombreux, il :

X stabilise sa température,

X stabilise sa respiration et son rythme cardiaque,

X stabilise son taux de sucre et diminue le risque d'hypoglycémie,

X facilite l'allaitement,

- diminue les niveaux d'hormones de stress chez le bébé,
- lui permet de retrouver ses repères sensoriels de sa vie intra-utérine (flottement du ventre maternel, prosodie maternelle, odeur de l'aréole rappelant l'odeur du liquide amniotique),
- facilite le premier regard avec ses parents,
- repond aux besoins de proximité et de securité affective,
- limite les cris et les pleurs.

En cas de naissance prématurée (avant la 37e semaine d'aménorrhée), le peau-à-peau est encouragé dès que l'état de votre bébé le permet.

Ce contact permet à votre enfant de :

- favoriser la maturation de son système digestif et de son système nerveux,
- améliorer sa prise de poids,
- avoir un sommeil plus réparateur,
- stabiliser ou diminuer ses besoins en oxygène,
- diminuer ses signes de stress,
- ressentir moins de douleur lors des interventions médicales comme les piqûres.

En cas de césarienne, certaines maternités proposent le peau-à-peau en salle d'opération ou en salle de réveil. Le cas échéant, le peau-à-peau peut se faire avec le coparent, cela procurera le même sentiment de sécurité chez votre bébé. De plus, certains coparents trouveront un réel épanouissement dans cette pratique et généralement cela console les mamans qui ne peuvent pas le pratiquer elle-même. Les liens du couple s'en trouvent alors renforcés.

Les premiers pas de l'allaitement

Dans l'heure qui suit l'accouchement, si vous souhaitez allaiter, une auxiliaire de puériculture ou la sage-femme est là pour vous aider à la première mise au sein. Cette première tétée contient le **colostrum** : c'est le premier lait qui évolue ensuite vers le lait mature au bout de trois jours environ.

De couleur jaune clair, le colostrum est plus épais que le lait mature. Malgré sa faible quantité (20 à 30 ml le premier jour), il satisfait tous les besoins nutritionnels de votre bébé pour les premiers jours. Particulièrement riche en minéraux, vitamines et protéines, il favorise la stabilisation de la glycémie. Contenant également un grand nombre d'anticorps, il protège le nouveau-né contre les infections. Votre bébé n'aura donc pas besoin de biberon ni de lait supplémentaire.

Si vous choisissez l'allaitement artificiel, vous ou votre conjoint pouvez donner son premier biberon à votre bébé. Si vous en avez envie, vous pouvez faire une tétée d'accueil ou « tétée de bienvenue ». Elle consiste à donner le sein à votre bébé pour son tout premier repas après sa naissance ; ce moment permet une rencontre tout en douceur, c'est également l'occasion de rassurer votre bébé après l'épreuve de la naissance. Si vous ne souhaitez pas allaiter votre bébé ensuite, rien ne vous oblige à continuer à donner le sein après cette tétée de bienvenue.

3
Le bouleversement émotionnel de la naissance

Ce que nous vivons dans notre corps trouve un retentissement émotionnel et inversement. Un accouchement n'est donc pas anodin et aura forcément des effets émotionnels importants.

3.1. L'EXPLOSION DE SENTIMENTS

Après la naissance de votre enfant, vous ressentirez probablement des émotions contraires : joie/tristesse, excitation/fatigue, peur/confiance. Non, vous ne perdez pas la tête ! Vous êtes simplement en train de découvrir ce que c'est que devenir parent. N'oubliez pas que vous êtes deux, le coparent et vous-même, à vivre ce chamboulement, cet état de contradiction et de vulnérabilité au même moment. Soyez bienveillants l'un envers l'autre pour être au plus près des besoins de chacun. Autorisez-vous à exprimer et partager vos ressentis.

Témoignages

Jules
mari de Paola

« Pendant l'accouchement de ma femme, ça m'a beaucoup touché de la voir souffrir, je me suis senti tellement impuissant face à sa douleur. »

Paola
femme de Jules

« Et pourtant, sans lui je n'aurais pas réussi à le faire. Il n'imagine pas à quel point sa présence et son regard m'ont aidée à gérer cette douleur. »

Les modifications neurophysiologiques

À la naissance, de nombreuses modifications neurophysiologiques vont également favoriser le lien avec les besoins de votre bébé :

- Votre cerveau sécrète de l'**ocytocine** lors des contacts physiques avec le bébé ou lorsque vous vivez une situation chaleureuse qui vous procure du plaisir.
- Il sécrète également de la **prolactine,** une hormone qui déclenche et maintient la production de lait.

Ce sont deux hormones que la jeune accouchée sécrète régulièrement. Le papa, lui, ne va pas sécréter de prolactine, en revanche son cerveau produira aussi de l'ocytocine ! Ces deux hormones jouent un rôle dans la plasticité cérébrale et la synchronie entre le cerveau des parents d'une part et les besoins de l'enfant d'autre part.

La **plasticité cérébrale**, c'est-à-dire la capacité qu'ont les réseaux de neurones à se modifier et à se remodeler selon les expériences, est largement sollicitée dans les moments qui entourent la naissance. Durant les périodes de grossesse et d'allaitement, on observe des modifications importantes dans le cerveau de la femme, notamment les régions du cerveau impliquées dans les interactions sociales comme la perception des émotions, des intentions et de l'humeur de l'autre. Ainsi, à la naissance de leur enfant, les mamans sont davantage sensibles aux interactions avec leur bébé. Par exemple, les mamans se réveillent avant que le bébé pleure, ou entendent plus souvent le bébé pleurer que le papa la nuit, elles reconnaissent aussi plus facilement les types de pleurs (pleurs exprimant la faim, la douleur, l'ennui, etc.).

Le syndrome du ventre vide

Il arrive que la jeune maman connaisse le syndrome du ventre vide. Après 9 mois de fusion avec son bébé, elle peut vivre difficilement cette séparation et ressentir un grand vide ou la nostalgie de sa grossesse. L'attention portée à la femme enceinte est désormais portée sur le nouveau-né et peut accentuer ces sentiments. Cela est tout à fait compréhensible. Attention tout de même si cela perdure trop, car ce syndrome peut être le précurseur de la dépression du post-partum.

Ce syndrome du ventre vide peut être contré par le maternage proximal, lequel consiste à être à l'écoute totale des besoins de son enfant et à pratiquer notamment le portage, le cododo et l'allaitement. Ainsi, la maman retrouve la fusion avec l'enfant qui lui manque tant dans les premiers mois du post-partum.

3.2. SE RENCONTRER

Lors de votre séjour à la maternité, prendre le temps de la rencontre est primordial. Tout simplement parce que vous êtes des inconnus l'un pour l'autre et que vous avez tout à découvrir et à apprendre. Cette disponibilité physique mais aussi psychique est un des premiers pas dans la construction de la relation parent-bébé. Soyez donc prêts à vous observer et à vous écouter mutuellement !

COMMENT FAIRE ?

—

Tout d'abord, les regards et les mots doux que vous adresserez au bébé sont importants car ils vont le rassurer et il se sentira ainsi soutenu et contenu. Mettez-vous à sa place et imaginez-vous dans un pays étranger dont vous ne parlez pas la langue. Vous seriez beaucoup plus apaisé si une personne venait vers vous en vous parlant, en vous regardant et en essayant de vous aider plutôt que si l'on vous ignorait totalement.

Ce soutien et cette contenance passent aussi par tout le dialogue corporel qui accompagne les interactions. Par exemple, les caresses sur le visage avant de s'endormir, le portage et les bercements aux bras quand bébé pleure. Petit à petit, en observant votre bébé vous allez décrypter ce qui lui est agréable ou désagréable, et vous adapterez votre gestuelle en fonction de ses réactions. C'est ce que l'on nomme le **dialogue tonico-émotionnel**.

Il est impossible d'anticiper la façon dont les futurs parents accueilleront leur bébé et ce qu'ils ressentiront. Si pour certains la rencontre est magique, pour d'autres, le sentiment d'être parent semble absent et il leur faudra davantage de temps pour établir un lien avec leur bébé. Certaines femmes ne ressentent pas de grande vague d'amour envers leur nouveau-né et cela peut beaucoup les culpabiliser. Elles vont alors penser que quelque chose ne va pas chez elles. Rassurez-vous, il n'y a rien d'anormal à cela, tout comme il n'y a rien d'anormal à ressentir un amour très fort dès les premiers regards avec votre bébé ! Chacun a son histoire personnelle, son histoire de grossesse, son accouchement et il faut laisser s'écouler un peu de temps pour se rencontrer l'un et l'autre. Souvent, c'est le lien de *bonding* qui est ressenti ;

c'est une sorte d'instinct de protection de son enfant, différent de l'amour. Ce lien-là peut mettre plus de temps à se créer et il n'y a rien d'alarmant à cela, chaque lien parents-bébé est singulier.

La rencontre psychique avec le bébé peut prendre du temps, cela ne fait pas de vous un mauvais parent. La préoccupation maternelle primaire joue un rôle capital dans cette rencontre. Rappelez-vous, il s'agit d'un état psychique particulier qui permet à la jeune maman de centrer ses préoccupations sur son bébé. Pendant quelques mois après l'accouchement, la mère est dans un état de vigilance qui permet de faciliter les soins, le lien d'attachement et de *bonding*. Allez, zou la culpabilité ! Maintenant que vous savez que tout est possible, le tout sera de vous faire accompagner si vous êtes en difficulté.

JE DEVIENS GRAND FRÈRE OU GRANDE SŒUR !

L'arrivée d'un petit frère ou d'une petite sœur pour un enfant est une véritable tempête émotionnelle !

—

Joie, excitation, appréhension, indifférence ou agressivité, tout se mélange. Bien souvent, nous observons des premiers jours difficiles car tout son univers est modifié. Désormais, il doit partager ses parents, sa maison et parfois sa chambre ou ses jouets. Difficile ne pas être contrarié par tous ces changements, n'est-ce pas ?

Nous vous avons donc compilé nos meilleurs conseils pour vous aider dans cette période délicate.

- Essayez d'être disponible pour accueillir le ressenti de votre enfant.
- Si possible, quand vous présenterez le nouveau-né à son frère ou à sa sœur, veillez à ne pas avoir votre bébé dans les bras pour laisser à son aîné la possibilité de venir s'y réfugier s'il a besoin de cette proximité. Cela va le rassurer sur le fait qu'il y a toujours de la place pour lui.
- Si vous le souhaitez, offrez un cadeau au grand frère ou à la grande sœur.

4
Le corps après l'accouchement

Un accouchement peut être éprouvant pour l'organisme, aussi est-il normal de ressentir quelque temps un certain inconfort. Faisons le tour de ces différents désagréments.

Après votre accouchement, vous allez séjourner dans le service des suites de couches. Vous resterez en moyenne trois jours si l'accouchement s'est fait par voie basse et quatre jours s'il s'est fait par césarienne. Profitez de ce moment pour faire tous les trois connaissance et posez vos questions aux professionnels qui vous entourent. L'objectif est que vous rentriez à la maison les plus sereins possible.

4.1. L'UTÉRUS

Après la délivrance (l'expulsion du placenta), votre utérus va involuer jusqu'à reprendre sa taille normale. Son involution ne sera totale qu'au bout de deux mois en moyenne grâce à une série de contractions utérines. Ces dernières sont plus intenses pendant la mise au sein et chez les femmes qui ont déjà plusieurs enfants : ce sont les **tranchées.** Elles sont désagréables voire douloureuses mais un bon traitement antalgique et antispasmodique pourra vous être prescrit. N'hésitez pas à en parler aux soignants qui seront à votre écoute pour vous soulager. Ne restez pas seule avec votre douleur !

La libération d'ocytocine que déclenche la mise au sein va provoquer des contractions utérines plus importantes et va ainsi favoriser une involution plus rapide.

Votre utérus va également évacuer les **lochies** : ces saignements peuvent durer jusqu'à 3 semaines. Ils auront une abondance et un aspect variables : rouges et abondants les premiers jours puis de plus en plus clairs et moins abondants les jours qui suivent. En cas de césarienne, les lochies durent en règle générale moins longtemps. Pensez donc à faire des réserves de protections hygiéniques (serviettes ou culottes menstruelles), les tampons et les coupes menstruelles sont quant à eux à proscrire pendant toute la période du post-partum car le col est ouvert et donc l'utérus risque davantage de développer une infection. Si vous trouvez que vos lochies deviennent malodorantes, il est nécessaire de consulter votre médecin ou de vous rendre à la maternité.

4.2. DÉCHIRURE PÉRINÉALE ET ÉPISIOTOMIE

Lors de l'accouchement, le périnée est très fortement sollicité et il arrive qu'il y ait des lésions périnéales :

- **Les déchirures périnéales** sont dues à la tension que le bébé exerce sur le périnée. Elles sont spontanées et classées en 4 types, en fonction de leur complexité. La grande majorité des déchirures sont mineures.
- **L'épisiotomie** est une petite incision chirurgicale au niveau du bas du périnée consistant à agrandir l'ouverture et faciliter ainsi le passage de votre bébé. C'est une décision médicale qui peut être réalisée dans deux cas, soit pour réduire le risque de déchirure périnéale sévère ou en cas de détresse, si votre bébé a besoin de naître rapidement et que les muscles du périnée empêchent sa naissance.

Ces lésions seront suturées par votre sage-femme ou votre obstétricien juste après la naissance. L'épisiotomie et les déchirures périnéales peuvent beaucoup questionner les mamans : comment est la cicatrice, où se trouve-t-elle, combien de points y a-t-il ? Autant d'interrogations qui peuvent vous inquiéter. N'hésitez pas à regarder votre cicatrice avec un miroir, à la toucher lors de votre toilette. Cela pourra contribuer à diminuer l'inquiétude et, dans une certaine mesure, la douleur. La cicatrisation est assez rapide et les points de suture tomberont dans les 10 jours. Il se peut qu'un œdème apparaisse et que vous ressentiez des douleurs au niveau des points de suture. Rassurez-vous, cela ne dure pas. Voici quelques astuces pour les soulager :

- une poche de glace peut faire diminuer l'œdème (à demander à la sage-femme),
- un peu d'eau chaude au moment des mictions peut diminuer la sensation de picotements,
- nettoyez avec un savon pour toilette intime après chaque miction, séchez bien les points en tamponnant avec une serviette prévue uniquement à cet usage (pas de sèche-cheveux),
- la prise de paracétamol peut soulager vos douleurs,
- les crèmes à base de plantes ou huiles essentielles peuvent s'avérer efficaces.

Une bonne hygiène garantit une bonne cicatrisation. Prévoyez des protections hygiéniques en coton que vous changerez régulièrement, observez une hygiène intime régulière tout au long de la journée. Pour cela, n'hésitez pas à demander au coparent de vous relayer auprès de votre bébé afin que vous puissiez vous consacrer à ces soins nécessaires.

4.3. LES FONCTIONS URINAIRES ET DIGESTIVES

Pendant le travail, l'analgésie péridurale bloque l'envie d'uriner, c'est pourquoi la sage-femme vide votre vessie régulièrement à l'aide d'une sonde. Après l'accouchement, l'effet de l'anesthésie va progressivement se dissiper et vous retrouverez la sensation d'envie d'uriner dans les premières heures qui suivront l'accouchement.

Dans les premiers jours, il est normal d'observer une diurèse (quantité d'urine par jour) plus importante qui peut aller jusqu'à 2,5 litres par jour. De plus votre périnée est « sidéré », ce qui peut entraîner une incontinence urinaire – notamment si vous y étiez déjà sujette en fin de grossesse. Rassurez-vous, cet épisode est le plus souvent transitoire.

La constipation est fréquente mais transitoire également. En effet, les intestins doivent reprendre leur place dans l'abdomen et l'imprégnation hormonale ralentit la fonction digestive. De plus, il se peut que vous développiez une appréhension à aller à la selle si vous présentez des lésions périnéales. Buvez de l'eau et mangez des aliments riches en fibres (amandes, noix, pruneaux, etc.), cela favorise la reprise du transit. Rassurez-vous : au besoin votre sage-femme pourra vous donner un traitement pour cette constipation si vous la trouvez trop gênante.

Des hémorroïdes peuvent encore apparaître après un accouchement. Les hémorroïdes sont des veines présentes chez tout le monde au niveau du canal anal. À cause de l'imprégnation hormonale et de l'hyperpression vasculaire, ces hémorroïdes peuvent ressortir et, lors des efforts expulsifs, cette extériorisation être majorée. C'est un phénomène transitoire qui se soigne très bien : certaines femmes seront soulagées par la glace, d'autres par de l'eau chaude. Essayez de diminuer la pression exercée sur les veines en évitant de rester debout ou assise trop longtemps. Traiter une constipation accélérera leur involution. Au besoin, un traitement médical vous sera prescrit pendant votre séjour à la maternité. Voici une autre petite astuce, et non des moindres, afin d'éviter les efforts de poussée aux toilettes (et donc éviter les hémorroïdes) : placez un tabouret sous vos pieds de sorte que vos genoux soient plus élevés que vos hanches. Cela permet d'adopter une position physiologique accroupie plutôt qu'assise. Et hop, le tour est joué !

4.4. LA CÉSARIENNE

La césarienne étant une opération chirurgicale, les suites de couches peuvent être vécues plus inconfortablement, d'autre part il est possible que vous vous sentiez moins autonome que si vous aviez accouché par voie basse.

La reprise de la miction spontanée se fera plus tardivement car on vous aura installé une sonde urinaire pendant les premières heures.

En cas de césarienne, vous risquez davantage de connaître des troubles thromboemboliques (phlébite), c'est-à-dire la formation de petits caillots sanguins ; c'est pourquoi vous aurez pendant toute la durée de votre séjour une injection quotidienne d'anticoagulant.

La cicatrice se retrouvera sous votre maillot de bain. Elle va rester rouge et inflammatoire plusieurs semaines et ce n'est que dans les 6 mois qu'elle trouvera son apparence définitive. Vous aurez un pansement les premiers jours mais rapidement la cicatrice sera laissée à l'air libre. Un nettoyage quotidien au savon simple assurera une bonne cicatrisation. De plus, il est recommandé de masser votre cicatrice afin que la vascularisation puisse bien se rétablir. Demandez à votre médecin quand vous pourrez commencer ces massages car toutes les cicatrices ne se traiteront pas de la même façon. Si votre cicatrice est très rouge ou si elle vous gratte, n'hésitez pas à en parler à votre médecin, sage-femme ou à votre kinésithérapeute qui saura vous donner une crème adaptée à votre cicatrice.

La douleur peut être intense les premiers jours lorsque vous êtes debout ou que vous marchez, puis elle s'estompe au fil des jours. On encourage les femmes à se lever de plus en plus rapidement pour récupérer leur autonomie. Un traitement antidouleur vous sera donné par l'équipe médicale. Il est important de veiller à ne pas porter de choses lourdes. Il se peut même que porter votre bébé soit douloureux ; dans ce cas, vous pouvez vous appuyer sur votre conjoint pour vous aider à assurer les premiers soins par exemple, demandez-lui d'amener votre bébé jusqu'à vous pour l'allaiter. Vous pouvez placer le coussin d'allaitement sur vous pour soutenir a minima votre bébé, près de vos bras ! Les points de suture au niveau de votre cicatrice se résorberont dans les 10 jours qui suivent.

Il est préconisé d'attendre une année après la césarienne avant d'avoir un autre projet de grossesse. En règle générale, ce n'est pas parce qu'on a accouché par césarienne que l'on ne peut plus accoucher par voie basse ensuite.

4.5. LES SEINS

La délivrance (expulsion du placenta) induit une chute d'hormones et permet le début du processus de fabrication du lait : c'est la lactation.

Si vous faites le choix de l'allaitement artificiel, vos seins seront souples les premiers jours mais ils vont tout de même produire du lait car la lactation est un phénomène physiologique. Cette production va se tarir progressivement mais vous n'échapperez pas à la montée de lait qui a lieu au troisième jour environ. Pour ne pas l'amplifier, prévoyez un soutien-gorge de bon maintien et **évitez toute stimulation** de vos seins. La sage-femme vous proposera un traitement antalgique ou anti-inflammatoire pour calmer vos douleurs. Si les douleurs s'estompent en quelques jours, il n'est pas rare d'avoir des écoulements de lait pendant une quinzaine de jours.

Il existe des méthodes alternatives dont l'efficacité n'est pas prouvée, mais qui peuvent s'avérer efficaces telles que l'homéopathie, l'acupuncture ou la phytothérapie.

Si pendant cette période, vous voyez votre bébé agité à certains moments de la journée quand il est dans vos bras, peut-être ressent-il cette montée de lait ; le coparent peut alors tout à fait donner le biberon à votre place pour le calmer.

Si vous faites le choix de l'allaitement maternel, la lactation est stimulée par la première mise au sein. Il y a tout d'abord du colostrum qui suffira à nourrir votre bébé jusqu'à la montée laiteuse. La montée de lait est une étape importante qui permet une production de lait plus importante et ainsi le passage du colostrum au lait de transition puis au lait mature.

Fiche pratique

EN CAS DE DOULEUR

—

Comme nous l'avons évoqué précédemment, la montée de lait peut être douloureuse mais rassurez-vous : elle ne dure pas. Il est important dans cette période d'éviter un engorgement :

- Mettez votre bébé régulièrement au sein pour les drainer.
- En cas de douleurs, vous pouvez masser vos seins sous une douche chaude.
- Appliquez sur vos seins des poches de glaces ou des feuilles de choux congelées pour décongestionner vos seins.

Nous abordons le sujet de l'allaitement maternel de manière plus détaillée dans le chapitre 5 « Le bébé » page 130.

5
Le séjour de votre bébé à la maternité

Dans le service de suites de couches, vous allez rencontrer des auxiliaires de puériculture, des infirmières puéricultrices, des sage-femmes et des pédiatres. Ils assurent la surveillance médicale de votre bébé et vous aident dans la réalisation de ses premiers soins.

Comment le changer, comment le nourrir, comment lui donner son bain, combien de couches va-t-il utiliser par jour ? Autant de questions qui viennent à l'esprit des nouveaux parents ! Pas d'inquiétude, les équipes vous accompagnent tout au long de votre séjour dans la découverte de ce nouveau rythme. Autorisez-vous à poser toutes les questions nécessaires, il n'y a pas de questions bêtes ! Le but de cet accompagnement est d'acquérir des repères pour rentrer à la maison en toute sérénité.

5.1. LA SURVEILLANCE MÉDICALE DU BÉBÉ

La surveillance quotidienne

Pendant son séjour à la maternité, votre bébé sera examiné par l'ensemble des professionnels.

Fiche pratique

À SURVEILLER CHAQUE JOUR

—

- ☐ le comportement de votre bébé : sa coloration, sa respiration, son sommeil, ses états de veille,
- ☐ sa température,
- ☐ le taux de bilirubine cutané pour dépister un éventuel ictère (jaunisse),
- ☐ son alimentation :
  - en cas d'allaitement maternel : les positions, le nombre de tétées, la qualité de la succion,
  - en cas d'allaitement artificiel : le nombre de biberons, la quantité de lait prise,
- ☐ son poids : votre bébé est pesé tous les jours, nu.

Il est normal que votre bébé perde du poids les premiers jours, c'est physiologique (de 5 à 10 % de sa masse). En effet, à la naissance, la peau de votre bébé est gorgée d'eau d'une part par l'imprégnation du liquide amniotique, d'autre part par l'hydratation de la mère durant l'accouchement (les poches de perfusions qui passent dans le sang de la maman lors de l'accouchement – eau salée, nutriments – passent par le placenta, et quand il y a beaucoup de poches passées, la peau des bébé est pleine d'eau). Cette eau sera évacuée les premiers jours par plusieurs moyens : la transpiration, la respiration, l'élimination des urines et du méconium (contenu du tube digestif). De plus, l'adaptation aux changements de température pendant le déshabillage, au moment des changes et du bain, par rapport à la température de l'utérus (constante pendant la grossesse), la mise au sein ou encore la prise du biberon nécessitent beaucoup d'énergie et vont ainsi entraîner une perte de poids. Le bébé va s'accommoder à tous ces changements et cela prendra quelques jours. Sa courbe remontera à partir du 3e jour avec une prise de poids en moyenne de 20 à 30 grammes par jour.

- ☐ les fonctions d'élimination :
  - les premiers jours, votre bébé va uriner en moyenne six fois par jour,
  - les premières selles de votre bébé ont un aspect gluant, très collant et de couleur noire : c'est le méconium. Cet aspect se modifie progressivement les premiers jours en fonction du mode d'allaitement (jaune d'or, semi-liquide, avec parfois des grumeaux lors d'un allaitement maternel). Il y a des selles quasiment à chaque tétée. Les selles sont plus moulées si l'allaitement est artificiel, à raison de 1 à 3 selles par jour.

Les soins

Ils comportent les changes, les soins du cordon et la toilette. Les auxiliaires de puériculture vous montreront également comment donner un bain en vous expliquant la technique et les bonnes habitudes. Pour changer votre bébé, afin de respecter l'enroulé de son bassin, pliez ses jambes sur son ventre et basculez ses genoux à droite puis à gauche pour le nettoyer. Cela ne prend pas plus de temps que de le soulever par les pieds et respecte davantage sa physiologie.

ATTENTION

NE JAMAIS LAISSER VOTRE ENFANT SEUL SUR LA TABLE A LANGER OU SUR LE LIT même s'il ne se retourne pas encore !

Les compléments alimentaires préventifs

Ce sont des supplémentations prescrites par le pédiatre pour prévenir certaines pathologies :

- La vitamine K prévient la maladie hémorragique du nouveau-né. Elle est donnée en salle d'accouchement à chaque enfant. Puis une ampoule à 7 jours et une autre à 1 mois, uniquement pour les enfants nourris au sein ; le lait artificiel en contient déjà.
- La vitamine D prévient le rachitisme. Elle est à donner tous les jours jusqu'aux 18 mois de votre enfant. Vous pouvez trouver différentes formes de vitamine D (synthétique ou naturelle). Sachez que certains excipients peuvent favoriser un reflux.

Les dépistages

On compte 2 dépistages systématiques au cours du séjour à la maternité :

- le dépistage auditif néonatal pour détecter une éventuelle surdité,
- le test de Guthrie effectué au 3e jour après la naissance. C'est un test sanguin qui dépiste des maladies rares.

Il se peut que d'autres examens soient réalisés pendant le séjour en fonction de vos antécédents médicaux familiaux, du déroulement de la grossesse et de l'accouchement.

Le jour de la sortie, votre bébé est examiné par le pédiatre pour vérifier que tout est en ordre. Si c'est bien le cas, vous repartez avec son carnet de santé.

5.2. DES DISCOURS DIFFÉRENTS

À la maternité, les équipes de professionnels changent tout au long de la journée et vous pourrez être confrontés à des discours différents. C'est assez déroutant mais finalement plutôt logique car il n'y a pas une seule bonne manière de faire.

La solution ? Faites-vous confiance et choisissez l'option avec laquelle vous êtes le plus en accord. En outre, plus vous observerez ce qui apaise ou gêne votre bébé, mieux vous apprendrez à le connaître et à vous faire confiance ! Acceptez aussi de ne pas savoir, de parfois faire maladroitement. Vous êtes en train d'apprendre, pour construire ensemble la suite de cette aventure.

Témoignage

Valérie

32 ans, maman de Nino

« Pendant mon séjour à la maternité, j'étais complètement perdue car à chaque passage de sage-femme on me montrait des positions d'allaitement différentes. J'étais terrifiée à l'idée de ne pas utiliser la bonne méthode. Le deuxième jour, une sage-femme m'a rassurée en m'expliquant qu'il n'y avait pas de bonne méthode, qu'il en existait plusieurs et que c'était à moi de trouver celle qui me correspondrait le mieux. Un poids s'est envolé ce matin-là et depuis, à chaque fois que je suis perdue, je prends le temps de ressentir ce qui me plaît ou pas ! »

CHAPITRE 4

Le retour à la maison

Le retour à la maison souvent attendu, parfois redouté, est une nouvelle étape dans l'accueil de son bébé. C'est le moment de lui faire découvrir son nouvel environnement et de prendre tous ensemble ses marques à la maison.

–

Tout au long des chapitres précédents, nous avons vu la nécessité pour les jeunes mamans de se reposer après l'accouchement. Certaines cultures prônent encore les 40 jours alités du post-partum et conservent des rituels d'accompagnement des nouvelles mamans. En France, ce n'est que trop peu le cas actuellement car les nouveaux grands-parents sont souvent trop éloignés et ne peuvent plus suffisamment offrir cet accompagnement familial autour de la jeune famille. Le coparent se retrouve alors seul à assumer le rôle de soutien – s'occuper du bébé quand la mère se repose, tenir la maison, etc. Bien que le congé de paternité ait été récemment allongé, nous sommes encore bien loin des 40 jours nécessaires.

–

À défaut d'un accompagnement et d'une aide de la part de votre entourage, vous trouverez dans ce chapitre des informations sur la réalité du retour à la maison mais aussi des conseils pour qu'il se passe au mieux.

1
Que faire avec votre bébé pendant le congé de maternité ?

Après un accouchement, le changement de rythme est radical et c'est une nouvelle vie qui s'offre à vous. C'est le temps du manque de sommeil, de la chute des hormones, des douleurs, du deuil de la grossesse, de l'épuisement mais aussi et surtout des joies et de la découverte de votre bébé. Tout cela chamboule les jeunes parents mais, rassurez-vous, vous allez finir par trouver le bon tempo !

Pour vous aider encore un peu, voici ce que vous pourriez faire pendant votre congé de maternité.

1.1. LE REPOS AVEC BÉBÉ

Reposez-vous avec votre bébé, prenez le temps de découvrir son rythme, de faire connaissance mutuellement. Bien dormir et reprendre des forces est également fondamental car votre corps a vécu un véritable bouleversement et nécessite une attention particulière. Cela vous permettra aussi de vous économiser avant la chute des hormones, qui peut provoquer un contrecoup.

1.2. SE FAIRE AIDER

Évidemment, il n'est pas toujours possible de se permettre un repos total, soit parce que vous êtes seule soit parce que vous avez d'autres enfants. N'hésitez pas à faire appel à vos personnes-ressources pour vous aider au maximum pendant un premier temps.

1.3. AVOIR DES ACTIVITÉS RESSOURÇANTES

Peut-être aussi avez-vous envie de sortir, de bouger et de reprendre votre rythme antérieur. Dans ce cas, il est bien sûr important de vous écouter et de répondre à vos besoins. Mais n'oubliez pas que vous attaquez un marathon (et non un sprint) et qu'il vous faudra tenir sur la durée. On peut avoir envie de tout remettre en ordre rapidement et de reprendre son rythme habituel au risque de s'épuiser car on ne tient pas la cadence. Ce qui nous semble important, c'est que vous puissiez prévoir des activités qui vous font du bien. Aller déjeuner avec une amie, octroyez-vous un massage, participez à des ateliers ou des temps de rencontre entre parents ! Car pour certains parents, le temps peut sembler long et lassant par la répétition du quotidien avec un nouveau-né. Accordez-vous alors de temps en temps ces petites sorties qui vous extrairont de votre routine et vous ressourceront.

1.4. LE NOUVEAU-NÉ A BESOIN D'INTERACTIONS

Pendant les 3 premiers mois, le bébé n'a pas besoin de jeux. Il n'a besoin que de la présence rassurante, contenante de ses parents ou d'un adulte bienveillant. Concentrez-vous sur ça ! Cela signifie le porter, le consoler, le cajoler et assouvir ses besoins physiologiques, mais aussi prendre le temps de lui parler, de s'offrir un temps d'atelier de portage, de faire du peau-à-peau, d'observer ce qu'il aime ou n'aime pas. Bref, se découvrir, se rencontrer !

1.5. FAITES-VOUS CONFIANCE !

Il n'y a pas une bonne façon d'être parent, comme il n'existe pas de mode d'emploi pour comprendre votre bébé. Ne vous laissez pas envahir par les conseils que l'on ne manquera pas de vous asséner car ce qui a fonctionné pour l'un ne fonctionnera pas pour l'autre. Alors ne laissez personne vous faire croire qu'il sait mieux que vous. Essayez, ajustez. Personne n'a la solution pour votre bébé à part vous ! Prenez le temps de rencontrer votre bébé. Le post-partum est ce moment privilégié où profiter de l'instant présent. En prenant le temps d'observer votre bébé, de vous connecter à lui ainsi qu'à vos ressentis, vous apprendrez petit à petit à reconnaître ses pleurs, ses besoins, à vous connaître tous les deux. Tout cela va vous rassurer dans vos compétences parentales.

2
La fratrie

Vous venez d'accoucher et redoutez peut-être la réaction de l'aîné des enfants face à l'arrivée d'un bébé dans la famille.

2.1. NE PAS DEMANDER À L'AÎNÉ DE GRANDIR TROP VITE

Avec l'arrivée d'un bébé tout neuf et si petit, les parents peuvent parfois attendre de leurs aînés qu'ils grandissent d'un coup. Ce serait bien pratique… mais cela n'arrive jamais ! Non, aucun enfant ne grandit de plusieurs années d'un coup pendant votre séjour à la maternité, il est donc illusoire d'exiger davantage de sa part que ce qu'il peut fournir à son âge. D'autant plus que votre aîné est déjà sacrément chamboulé par cette nouvelle arrivée ! Assurez-vous donc de le laisser vivre comme un enfant de son âge. Ce n'est pas parce qu'il est devenu le plus grand qu'il faut lui demander de penser en « grand ». Permettez-lui de rester petit !

- Respectez les émotions de l'aîné. Il est normal de ne pas toujours aimer son frère/sa sœur, car un bébé qui pleure ou qui dort tout le temps ça peut être agaçant, non ? Laissez-le exprimer ses émotions de tristesse ou de colère, mais dites-lui que vous n'accepterez aucun geste violent envers le bébé.
- Pour ne pas braquer l'aîné, veillez à ne pas le forcer à aimer son petit frère ou sa petite sœur, cela viendra naturellement. Ne le forcez pas à lui faire des bisous, à jouer avec lui ou à s'en occuper.
- Ne le responsabilisez pas à l'égard de son cadet, il ne doit pas être une nounou, il reste un enfant.

Nos petits CONSEILS

Pour aider l'aîné dans son nouveau rôle

X Lisez des histoires à propos de familles qui viennent d'accueillir un bébé. Les livres sont un excellent support pour amorcer un dialogue avec votre aîné et évoquer ensemble les sentiments que cette naissance éveille en lui. Mettre des mots sur ses émotions, reformuler son ressenti est particulièrement important dans cette période singulière.

X Donnez des responsabilités à votre enfant (s'il en a envie). Vous pouvez l'impliquer en fonction de son âge. Par exemple, laissez-lui faire des petites choses pour vous aider au quotidien, comme pousser la poussette, donner un biberon de temps en temps, lire une histoire. En amont, apprenez-lui à faire comme il faut pour éviter qu'il se sente en échec s'il n'y arrive pas ou si vous devez intervenir pour corriger la position du biberon par exemple.

X Aidez-le à tisser le lien fraternel en leur permettant d'apprendre à se connaître, à s'aimer et à se respecter. Laissez votre aîné créer des liens avec le bébé. Attirez son attention sur la façon dont son frère ou sa sœur réagit aux voix, aux grimaces, aux câlins… Imposez le respect mutuel en interdisant les gestes violents et expliquez que ce n'est pas possible de faire du mal même si l'on est en colère.

X Valorisez-le !

X Offrez-lui une poupée avec des vêtements, un biberon, une couche pour lui permettre de vous imiter. Les enfants intègrent les événements qu'ils ne maîtrisent pas grâce au jeu. En répétant des situations qu'ils subissent au quotidien, ils deviennent acteurs et s'approprient la situation ! Génial, non ?

X Ne l'obligez pas à partager ses jouets. La blessure d'avoir à partager les parents est déjà suffisamment violente pour ne pas en rajouter une couche, au moins dans les premières années ; l'apprentissage du partage viendra plus tard. Prévoyez des espaces de jeu pour chacun et une caisse de jeux chacun si cela pose problème.

X Trouvez du temps pour chaque enfant individuellement, pas forcément beaucoup mais du temps de qualité, afin que l'aîné sente toujours qu'il a de l'importance pour vous. Cela aura pour effet de diminuer son anxiété. Vous pouvez mettre en place des « temps précieux », décrits par le Dr Anne Raynaud et dont nous vous avons déjà parlé (page 43). Il s'agit de temps exclusifs consacrés à un enfant, qui durent une quinzaine de minutes et répétés 2 à 3 fois dans la semaine. Assurez-vous que votre tout-petit ne viendra pas bousculer ce temps privilégié afin de faire comprendre à votre aîné que vous êtes toujours disponible pour lui. Pendant ce temps, le coparent peut prendre un temps précieux avec le bébé et en profiter pour lui donner le bain ou partir se balader en écharpe.

2.2 LA QUESTION DE LA JALOUSIE

Votre aîné aura besoin que vous le rassuriez sur sa place au sein de la famille. Alors, prenez le temps de lui expliquer que vous l'aimez toujours autant ! En effet, une rivalité s'installe généralement car l'enfant craint de recevoir moins d'amour que d'habitude. L'aîné peut être insécurisé et avoir besoin de plus de proximité car dès la grossesse, il sent qu'il n'est plus le centre unique de l'attention de ses parents. Il doit donc construire sa nouvelle place et comprendre qu'il ne perd pas l'amour de ses parents. Attention, nous devons vous avertir que la réaction de l'enfant est parfois cocasse ! Il vous faudra accueillir telles quelles les émotions de l'aîné qui peuvent être aussi bien joyeuses qu'agressives.

Rien que pour vous, voici nos meilleures anecdotes :

« Maman, on va rendre le bébé au magasin ? »

Julie, 4 ans

« Moi je l'aime bien petit frère parce qu'il est à la maternité ! Heureusement qu'il ne rentre pas chez nous. »

Paul, 4 ans

« Je vais mettre Lola à la poubelle, comme tu me disais maman elle m'encombre alors je la mets à la poubelle. »

Emma 5 ans

Ces remarques sont parfois drôles mais parfois franchement agressives et peuvent inquiéter les parents. Cependant, votre enfant a besoin de pouvoir exprimer cette agressivité sans avoir peur de la réponse de son parent. Dites-lui que vous comprenez que ce soit difficile pour lui mais que, malheureusement, on ne pourra pas « le rendre au magasin ». Vous pouvez ensuite trouver une activité à réaliser tous les deux pour qu'il se sente valorisé et n'ait pas le sentiment d'être mis de côté ou moins aimé.

> L'amour
> ne se divise pas,
> il se multiplie.

En revanche, l'attention ne se multiplie pas, et l'on n'a toujours que deux bras et deux jambes. Il vous faudra donc aussi expliquer à l'aîné que le bébé a besoin de beaucoup d'attention car il ne sait pas marcher ni manger seul, et que c'est pour cela qu'il est souvent dans les bras.

Chez les enfants de 1 à 3 ans, la jalousie est souvent clairement marquée mais on peut aussi l'observer moins nettement chez des plus grands. Elle se manifestera plutôt par des gestes brusques envers le bébé ou encore par des accusations à tort à l'encontre du bébé. Mais si, vous savez bien, le fameux : « Non maman, ce n'est pas moi qui ai écrit sur le mur, c'est le bébé ! »

LE SAVIEZ-VOUS ?

Il arrive que l'aîné ait une phase de régression à la naissance d'un petit frère ou d'une petite sœur. Cela peut être de l'énurésie (pipi au lit), la réclamation d'une tétine ou d'un biberon alors qu'il n'en prend plus depuis 2 ans, des jeux au cours desquels il fait le bébé. Ne vous inquiétez pas, c'est normal et bon signe que votre enfant réagisse à ce réaménagement familial : comme pour toute régression, il s'agit de reculer pour mieux sauter.

En revanche, ces régressions ne doivent pas durer. N'hésitez pas à consulter si elles perdurent.

Pour aider votre enfant à passer ce cap, vous pouvez essayer le renforcement positif et mettre en valeur ses capacités de grand. Mettez en avant les avantages d'être continent, de ne plus avoir le biberon. Expliquez que le bébé ne sait pas se retenir, ne sait pas parler, mais que lui, oui, et qu'il pourra lui apprendre à faire comme lui un jour ! Rassurez encore et encore votre enfant au sujet de l'amour que vous lui portez et de la place qui reste la sienne dans la famille.

3
Se réapproprier son corps après l'accouchement

Toutes les femmes ont une relation à leur corps qui leur est propre. Après un accouchement, il est important de se réapproprier son corps. Ne soyez pas trop pressée, rappelez-vous qu'il lui a fallu neuf mois pour se transformer afin d'accueillir votre bébé et le laisser sortir. Ce corps ne sera donc plus réellement comme avant et il faudra l'accepter : il a porté la vie !

Après l'accouchement, votre corps aura besoin de temps pour se modifier à nouveau et reprendre ses formes d'avant grossesse. Les réseaux sociaux et les médias mettent énormément en avant le corps et exercent ainsi une pression à retrouver sa ligne très rapidement après son accouchement. Préservez-vous de ces images qui collent très rarement à la réalité. L'important est que vous vous sentiez bien dans votre corps. Et soyez indulgentes envers vous-même, votre enfant a besoin de sentir la bienveillance que vous vous accordez : rappelez-vous que vous êtes son modèle.

Si vous ne vous résolvez pas à attendre sans rien faire, la médecine traditionnelle chinoise comme l'acupuncture peut aider à rééquilibrer votre corps. N'hésitez pas à consulter un acupuncteur ! L'adaptation de votre alimentation au post-partum vous aidera aussi beaucoup.

3.1. LA PERTE DE POIDS

Le corps de la femme est mis à rude épreuve après une grossesse. En moyenne, la prise de poids au cours d'une grossesse est de 12 à 16 kilos, certaines en prendront plus et d'autres moins. Lors de l'accouchement, entre le poids du bébé, du placenta et du liquide amniotique, mais également avec l'élimination de toute l'eau accumulée dans votre sang en fin de grossesse (œdèmes), vous vous serez déjà séparée de 6 à 8 kilos en moyenne.

Toutes les femmes sont différentes, nous n'avons pas toutes le même métabolisme ni le même capital génétique : il y a des femmes qui brûlent des calories sans faire d'efforts, pour d'autres cela nécessite une réelle discipline, comme il est vrai qu'il est plus facile de perdre du poids à 25 ans qu'à 40.

Dans tous les cas, ce n'est pas le moment de vous mettre au régime, nous vous conseillons plutôt de faire le plein d'énergie en adoptant une alimentation variée et équilibrée, en évitant les excès et en maintenant une bonne hydratation, au moins 1,5 litre d'eau par jour. Vous pouvez continuer à prendre des suppléments en vitamines et en minéraux ; il en existe des spécifiques pour l'allaitement et le post-partum.

Les nuits risquent d'être soutenues, aussi nous vous invitons à vous reposer dès que votre bébé vous le permet. Un sommeil de qualité contribue aussi à une remise en forme plus rapide.

L'ALLAITEMENT FAIT-IL MINCIR ?

Ce n'est pas forcément vrai. Le fait d'allaiter son enfant requiert beaucoup d'énergie pour la fabrication du lait mais, en réponse à cette plus grande dépense énergétique, les besoins nutritionnels de la femme allaitante sont plus importants. Donner le sein fait sécréter une hormone qui donne faim. Nous aborderons ce sujet de manière plus complète dans le chapitre sur l'allaitement.

Perdre du poids est une chose, voir son corps modifié en est une autre.

- L'utérus met du temps à reprendre sa place (1 mois environ), aussi **est-il courant de garder un ventre bien gonflé les premières semaines**, faisant penser à un ventre de 4-5 mois de grossesse. Sa tonicité et l'aspect *ventre plat* reviennent progressivement par le renforcement de votre sangle abdominale lors de la rééducation.
- Votre ventre s'est arrondi pendant neuf mois, la peau s'est étirée, des **vergetures** sont peut-être apparues. Si vous avez une peau fragile, elles apparaîtront même si vous avez pris soin d'huiler votre ventre pendant toute la grossesse. Elles seront rougeâtres, violacées au début puis, au fil du temps, deviendront de très fines lignes blanches. Elles s'estomperont mais ne disparaîtront jamais complètement.
- La **ligne brune** peut paraître plus foncée après l'accouchement car la peau du ventre se rétracte. Elle disparaît au fil des mois après une période très variable d'une femme à l'autre (parfois jusqu'à 9 mois).
- Le **masque de grossesse**, comme la ligne brune, disparaît dans les 6 mois qui suivent l'accouchement, cela peut-être plus long s'il a été exposé au soleil pendant la grossesse.
- Il se peut que **votre bassin s'élargisse**, que vous preniez une demie voire une taille de pantalon.
- **Chute de cheveux** : durant la grossesse, l'imprégnation hormonale est plus que bénéfique ; la qualité de la peau et des cheveux est généralement améliorée. Le cheveu est plus beau, plus sain, plus fort. Après l'accouchement, le taux d'œstrogènes diminue subitement, entraînant souvent une chute des cheveux. L'accumulation du stress et de la fatigue générale dus à l'arrivée du bébé n'arrange pas les choses. Cette chute des cheveux dure généralement entre 2 et 3 mois. Pour retrouver une chevelure vraiment dense, il faudra tout de même attendre quelques mois. En attendant, brossez vos cheveux quotidiennement. Vous pouvez également faire une cure en vérifiant au préalable qu'elle est compatible avec un allaitement. Et pourquoi ne pas en profiter pour aller chez le coiffeur ? Pensez-y, cela peut vous faire du bien.
- Si vos **seins** augmentent de volume pendant la grossesse, c'est pour se préparer à l'allaitement maternel. Tant que dure celui-ci, ils resteront augmentés de volume. En revanche, après l'accouchement, si vous ne donnez pas le sein, ou bien après le sevrage de l'allaitement maternel, vos seins reprendront leur taille initiale. La variabilité de volume au cours de cette période va être responsable d'une perte de tonicité et de fermeté. Il existe heureusement des astuces pour tonifier la poitrine après une grossesse.

Mes exercices

POUR TONIFIER LA POITRINE APRÈS UNE GROSSESSE

—

Les bras pliés à hauteur de la poitrine (position Namaste), serrez très fort les paumes l'une contre l'autre. Répétez ce geste 10 fois, plusieurs fois par jour.

3.2. INCIDENCES DE L'ACCOUCHEMENT SUR LE CORPS

L'accouchement n'est pas sans conséquence sur votre corps. Non seulement vos muscles abdominaux et périnéaux sont mis à rude épreuve, mais votre colonne vertébrale ainsi que votre bassin subissent également quelques modifications. Celles-ci sont physiologiques (c'est-à-dire normales) et, pas d'inquiétude, elles ne sont que passagères.

Le périnée

L'accouchement affaiblit considérablement le périnée et certains troubles peuvent vous affecter :

- les douleurs périnéales : elles se définissent comme une sensation de gêne sourde, de pesanteur de la région périanale, s'aggravant à la station assise. Elles font suite à une distension importante du périnée au moment de la sortie de votre bébé et s'intensifient en cas de déchirure ou d'épisiotomie. En général, elles disparaissent spontanément en quelques semaines,
- les fuites d'urine lors d'un effort (toux, rire, éternuement ou port d'une lourde charge),
- les gaz,

- les pertes d'eau après un bain,
- les pertes de sensations pendant les rapports sexuels, voire des douleurs,
- les problèmes de descente d'organes (prolapsus) sont également provoqués par cette faiblesse du périnée.

C'est pourquoi il est conseillé de ne pas porter de charges lourdes dans les semaines qui suivent l'accouchement car cela peut aggraver l'état de votre périnée et être totalement délétère pour votre vie de femme (incontinence urinaire, prolapsus). **Il est capital de ne pas négliger la rééducation pour redonner au périnée son tonus.**

LA RÉÉDUCATION DU PÉRINÉE

Elle est largement pratiquée en France mais ne fait pas l'objet d'un consensus mondial. Il est conseillé de commencer la rééducation périnéale 6 à 8 semaines après votre accouchement. Au cours de la visite post-natale, l'état de votre périnée est évalué par l'obstétricien ou la sage-femme et les séances de rééducation vous sont prescrites : 10 séances sont remboursées à 100 % par la Sécurité sociale.

Elle peut être réalisée avec une sage-femme libérale ou un kinésithérapeute.

Il existe plusieurs méthodes :

- La rééducation *manuelle* consiste en un toucher vaginal qui permet de prendre conscience des différents muscles de votre périnée ; le thérapeute vous montrera comment les entraîner pour les maîtriser.
- La rééducation *avec une sonde* placée dans le vagin, qui envoie des impulsions électriques, provoquant des petites contractions.

La rééducation du périnée est également recommandée si vous avez subi une césarienne.

Le rythme est d'environ **2 séances par semaine pendant 15 jours à 1 mois**. Entre les séances, il est vivement conseillé de continuer à muscler votre périnée.

Le but de cette rééducation est de vous familiariser avec votre périnée et ainsi l'utiliser à bon escient dans la vie de tous les jours (port de charges, toux, éternuements, etc.). Une fois votre rééducation faite, vous pouvez faire la rééducation abdominale, auprès d'un kinésithérapeute, qui sera d'une réelle efficacité pour tonifier votre corps.

Le ventre

Pendant la grossesse, le ventre de la femme subit une pression énorme, qui écarte les muscles grands droits de l'abdomen (muscles verticaux situés sur la paroi antérieure du ventre). Chez certaines femmes, ils reprennent leur forme initiale après l'accouchement, chez d'autres, non. On appelle ça le **diastasis des grands droits**.

Les conséquences de ce phénomène peuvent être multiples : hernie ombilicale, difficultés posturales, douleurs dorsales, incontinence urinaire ou anale, voire une descente d'organe.

Le diastasis peut disparaître spontanément mais, dans la majorité des cas, le problème est résolu par des exercices de kinésithérapie. Dans certains cas seulement, et si le diastasis est vraiment trop important, on peut avoir recours à une chirurgie : l'abdominoplastie.

LE SPORT DANS LE POST-PARTUM

Durant les premières semaines qui suivent l'accouchement, le meilleur moyen de retrouver la forme est de se reposer au maximum. Soyez à l'écoute de vos sensations physiques, et des signes de fatigue que vous lance votre corps. Allez-y doucement, vous venez de vivre un véritable marathon ; un temps de récupération est nécessaire…

Néanmoins, la reprise du sport est possible à une seule condition : qu'elle soit douce et constituée d'activités qui ne sollicitent pas la sangle abdominale, telles que la marche, le vélo à plat ou le yoga. Il existe des mouvements très doux, fondés sur la respiration, pour reprendre conscience de son corps et commencer à le remuscler en douceur.

En effet, un peu d'activité physique est bénéfique pour le corps et l'esprit. Elle atténue la fatigue et le stress, dus au manque de sommeil et aux soins apportés à votre bébé.

Si vous souhaitez reprendre des sports à plus gros impact (course à pied, tennis, sport avec sauts…), la priorité absolue est la rééducation du périnée. Une fois que vous maîtriserez votre périnée et avec l'accord de votre médecin ou sage-femme, vous pourrez reprendre vos activités sportives habituelles.

La circulation sanguine

Pendant la période du post-partum, toujours sous influence hormonale, la circulation sanguine reste ralentie. Elle revient à la normale environ 2 mois après l'accouchement. C'est pourquoi il est possible d'avoir des hémorroïdes qui persistent, des varices, la sensation de jambes lourdes, etc.

POUR LES ATTÉNUER

- Surélever les jambes en position assise ou couchée.
- Pratiquer la marche quotidiennement et éviter la sédentarité.
- Éviter les talons hauts et les chaussettes trop serrées.

Les cicatrices de césarienne

Aujourd'hui les cicatrices de césarienne sont les plus discrètes possible. Les premiers mois, la peau autour de la cicatrice peut sembler gonflée. Pas d'inquiétude, ce petit bourrelet va se résorber de lui-même. Selon le type de votre cicatrice, on vous expliquera quels soins lui apporter et notamment quand et comment la masser. Plus votre peau sera souple, plus votre cicatrice sera discrète. Le massage peut être réalisé avec une huile ou une crème cicatrisante qui vous sera recommandée par votre médecin, votre sage-femme ou votre kinésithérapeute car la crème doit être adaptée à votre cicatrice. Les pressions ne doivent jamais être douloureuses !

Notez que si la qualité de la cicatrisation est très variable d'une femme à l'autre, on sait par contre avec certitude que le tabagisme est un facteur bien connu de mauvaise cicatrisation. Une raison supplémentaire de ne pas reprendre (ou d'arrêter) la cigarette !

La première année, il est essentiel de protéger votre cicatrice du soleil : toute exposition trop précoce aux UV pourrait provoquer une réaction inflammatoire et entraîner une pigmentation de votre peau.

Le dos

Les maux de dos, les tensions de la nuque et des épaules, ainsi que les douleurs au niveau du sacrum sont fréquentes après l'accouchement. Les causes sont multiples :

- l'effet de la **relaxine** pendant la grossesse. Cette hormone intervient dès la deuxième semaine de grossesse et prépare votre corps à se modeler pour l'accouchement. Elle induit un relâchement des tissus musculaires et ligamentaires,

- la pose de péridurale,
- la position allongée que vous avez prise lors des efforts expulsifs,
- la perte de poids rapide dans le post-partum immédiat,
- une mauvaise posture lorsque vous portez votre bébé.

Il faudra du temps au corps pour se remettre de tels bouleversements, mais une consultation avec un ostéopathe peut être bénéfique ; cela peut être l'occasion d'une double consultation pour vous et votre bébé.

3.3. LE SUIVI GYNÉCOLOGIQUE

La visite post-natale

6 à 8 semaines après votre accouchement, il est important d'effectuer la visite postnatale. Elle est réalisée auprès de votre médecin ou votre sage-femme et est prise en charge à 100 % par l'Assurance maladie.

Au cours de cette visite, plusieurs sujets sont abordés. Le professionnel de santé vous posera les questions suivantes :

- « Comment vous sentez-vous ? Physiquement, moralement ? »
- « Votre sommeil est-il bon ? Ressentez-vous des douleurs ? »
- « Quel est votre vécu/ressenti de votre accouchement ? »
- « Comment va votre bébé ? Comment se passe l'allaitement ? »
- « Avez-vous repris les rapports sexuels ? »

S'ensuit un examen médical pour s'assurer que le corps s'est bien remis de l'accouchement. Un toucher vaginal va permettre de vérifier l'état de votre périnée, sa tonicité et sa cicatrisation, mais aussi de vérifier que le col de l'utérus s'est bien refermé. Il est possible qu'un frottis soit réalisé.

Le retour de couche

Ce sont les premières règles après votre accouchement qui signent la reprise de votre cycle menstruel. Ces règles peuvent être plus abondantes et plus douloureuses que lors de vos cycles habituels. Il intervient en moyenne 6 à 8 semaines après votre accouchement. En cas d'allaitement maternel, le retour de couche peut être retardé. La sécrétion de prolactine, stimulée par les tétées, freine la production des hormones responsables du cycle menstruel et donc de l'ovulation. Le retour de couche intervient alors après l'arrêt de l'allaitement.

Attention, l'ovulation reste tout de même possible avant le retour de couche, il est donc possible que vous tombiez à nouveau enceinte. Il est important d'avoir une contraception si vous ne souhaitez pas avoir deux grossesses rapprochées.

La contraception

La reprise de l'ovulation se fait autour du 21e jour après l'accouchement. Une contraception est donc nécessaire à partir de cette date-là si vous ne désirez pas une nouvelle grossesse. Le sujet de la contraception est abordé par la sage-femme pendant le séjour à la maternité mais il important de s'y intéresser en amont. Il y a plusieurs possibilités en fonction de vos envies, de vos antécédents médicaux et de votre type d'allaitement.

- Les pilules microprogestatives et l'implant contenant des progestatifs sont utilisables à partir de 21 jours après l'accouchement.
- Le stérilet au cuivre ou le stérilet hormonal (à la progestérone) peuvent être posés 4 semaines après l'accouchement.
- Les œstroprogestatifs (pilule, anneau vaginal, patch transdermique) sont utilisables en cas d'allaitement artificiel à partir de 42 jours après l'accouchement, ce délai peut être raccourci à 21 jours en l'absence de facteur de risque thromboembolique veineux ou autres contre-indications. En cas d'allaitement maternel, ils sont déconseillés dans les 6 mois suivant l'accouchement.
- Les préservatifs (masculins et féminins) sont utilisables dans la période du post-partum.
- Les autres méthodes barrières (diaphragme et cape cervicale, spermicides) sont inutilisables avant 42 jours après l'accouchement. En cas d'utilisation d'un diaphragme avant votre grossesse, la taille de celui-ci doit être réévaluée.

L'ALLAITEMENT MATERNEL COMME CONTRACEPTION ?

La méthode MAMA : Méthode de l'Allaitement Maternel et de l'Aménorrhée.

—

L'allaitement peut avoir un effet contraceptif si et seulement si toutes les conditions suivantes sont réunies :

- ☐ votre bébé a moins de six mois,
- ☐ vous allaitez exclusivement,
- ☐ il y a un minimum de 6 tétées réparties sur 24 heures (pas plus de six heures entre deux tétées la nuit, pas plus de quatre heures le jour),
- ☐ vous n'avez pas eu votre retour de couche.

Cette méthode peut paraître facile à appliquer mais en pratique elle demande de respecter ces 4 conditions à la lettre et exige une grande rigueur. Veillez donc à ne pas vous laisser surprendre par cela. La fatigue et le rythme intense des premiers mois peuvent la rendre fastidieuse et difficile à appliquer.

Renouer avec sa sexualité

Il n'existe pas de recommandations médicales sur la reprise des rapports sexuels dans le post-partum. Chaque personne, chaque couple est différent ; il n'y a pas de règles, faites-le quand vous serez prêts et que vous en aurez l'envie. Il se peut que vous ayez des appréhensions, n'hésitez pas à en parler avec votre partenaire.

Des douleurs pendant les rapports sexuels peuvent apparaître en cas de déchirures périnéales ou d'épisiotomie. Ne restez pas seule avec ces douleurs, parlez-en avec votre partenaire mais aussi à votre sage-femme ou à votre médecin. Le massage des cicatrices périnéales peut limiter les adhérences et diminuer ces douleurs. La rééducation du périnée peut vous aider également.

La sécheresse vaginale peut être assez fréquente dans le post-partum, notamment pendant l'allaitement maternel et cela peut avoir un impact sur votre sexualité. L'augmentation des apports hydriques et l'utilisation de gels intimes peuvent vous aider à pallier cet inconfort.

Une baisse de désir peut se ressentir chez la femme comme chez son partenaire. Ce phénomène est normal et, pas d'inquiétude, transitoire : votre rythme est chamboulé, votre fatigue s'accumule. Parlez-en tous les deux, exprimez vos attentes, vos envies, etc. Si cela perdure, n'hésitez pas à vous faire aider par votre sage-femme, un sexologue ou un conseiller conjugal.

Quoi qu'il en soit, prenez votre temps, soyez à l'écoute l'un de l'autre. La reprise de votre sexualité peut se faire de manière progressive, vous pouvez changer vos habitudes au début. L'important est de se faire confiance, les sensations reviendront.

4
Les joies du post-partum

Loin de nous l'idée de diaboliser le post-partum et d'en dresser un tableau trop sévère et négatif. C'est avant tout une rencontre avec un petit être souvent très attendu !

Oui, tout n'est pas toujours facile, mais est-ce que ce n'est pas le propre de tout événement de la vie ? Le post-partum rime aussi avec joie, bonheur et euphorie. Ce n'est pas forcément le cas dès le début mais ça viendra à un moment ou un autre de votre parentalité.

Témoignages

Chloé
maman de Juliette, 24 mois

« J'adore repenser aux premiers mois de ma fille, j'étais fatiguée, certes, mais tellement épanouie, j'étais si heureuse, je me sentais si complète. On était dans une bulle tous les trois, et plus rien ne comptait. C'était incroyable ! »

Margaux
maman de Tia, 9 mois

« J'ai tellement adoré cette période, je me sentais tellement bien, tellement épanouie que j'ai pris un congé parental, je ne me voyais pas reprendre le travail tout de suite. Un comble pour moi qui tenait tant à ma carrière professionnelle, je m'imaginais reprendre au 2e mois de ma fille, je ne comprenais pas ces mères épanouies avec leur bébé… comme quoi, tout arrive, on ne peut pas savoir comment on réagira quand ça nous arrivera. »

Témoignage

Pauline

maman de Marin, 2 ans

« Avec mon mari, avoir une famille était une évidence. On voulait profiter à fond de notre bébé, de cette nouvelle vie à trois. C'était important pour nous d'être ensemble, de prendre le temps, de vivre à fond cette période. On savait que tout ne serait pas facile mais pour nous c'était unique et primordial d'être ensemble. Alors on a tous les deux posé une disponibilité dans nos emplois, et on a passé un an tous les trois. On sait qu'on a eu de la chance d'avoir cette possibilité, que mes parents nous prêtent la maison familiale. On a peu dormi, c'est vrai, les premiers mois, on a douté parfois, mais on avait le temps, cette période où justement on oublie le temps pour se concentrer sur l'essentiel : découvrir notre bébé, l'observer, pouvoir se relayer... on est si heureux d'avoir pu apprendre à construire notre famille sans pression, de faire nos premiers pas dans la parentalité simplement et d'apprendre à découvrir Marin ! Après ça on a repris notre vie, nos boulots respectifs, Marin est allé à la crèche. Tout s'est bien passé, je pense parce qu'on était tous prêts. »

5
Les difficultés du post-partum

Bien que les joies du post-partum soient nombreuses, notre société moderne fondée sur l'efficacité et la productivité favorise les facteurs de stress périnatal et fragilise les jeunes parents (isolement et solitude, culte de la performance, valorisation de la "réussite professionnelle"). Cela les rend bien souvent vulnérables et les met en difficulté pour prendre soin de leur tout petit bébé. Ce petit être est doté d'extraordinaires compétences dès sa naissance mais il demeure malgré tout vulnérable, fragile et dépendant ; il est donc indispensable d'en prendre soin. En effet, les données scientifiques dont nous disposons aujourd'hui mettent en lumière un des besoins primaires encore insuffisamment pris en compte et qui a un véritable impact sur le développement de l'enfant. Il s'agit du besoin de sécurité affective dont nous reparlerons plus tard.

Les difficultés que les jeunes parents peuvent rencontrer sont extrêmement fréquentes et encore trop souvent tabou. La dépression du post-partum constitue la complication la plus fréquente de cette période entourant l'arrivée d'un bébé, et le suicide constitue la deuxième cause de mortalité chez les jeunes mamans (Santé publique France et INSERM, 2020). La souffrance périnatale est donc un véritable enjeu de santé publique.

5.1. L'ACCOUCHEMENT TRAUMATIQUE

Un fort retentissement psychique

L'accouchement traumatique peut prendre différentes formes et cette qualification est évidemment très subjective. Cela peut être :

- un enfant né prématurément,
- un accouchement qui ne se passe pas comme prévu,
- une séparation précoce à cause d'une complication maternelle ou d'une complication chez le bébé à la naissance,
- ou encore un transfert du bébé en néonatalogie.

L'impression psychique laissée par l'accouchement est très subjective car un accouchement qui se déroule bien sur le plan médical peut tout de même être difficilement vécu par les jeunes parents : c'est le côté subit et inattendu de l'événement qui constitue le traumatisme.

Un accouchement vécu comme traumatique laisse souvent un sentiment de culpabilité et de honte à la jeune maman, qui se sent responsable. Le père peut également ressentir cela lors d'un transfert du bébé dans un autre hôpital par exemple. Il se sentira impuissant de ne pas avoir pu être à la fois au chevet de la maman et du bébé. Ces vécus douloureux peuvent fragiliser les premiers liens entre parents et enfant. Les parents sont alors en difficulté et pas toujours disponibles pour cette première rencontre. Cela ne fait qu'accentuer le sentiment de honte et de culpabilité.

Comment surmonter un accouchement traumatique ?

Le corps-à-corps

Lorsque l'on pense « ne pas avoir été à la hauteur » ou « ne pas avoir su faire », se rattacher à la communication des corps peut permettre de ne pas laisser le psychique prendre le dessus. En effet, revenir aux sensations, être à l'écoute de ses sens, en corps-à-corps avec l'enfant, permet d'être dans l'instant présent et d'objectiver ce qui se passe. Par exemple, prenez le temps d'être à l'écoute de la respiration de votre bébé, de sentir son apaisement quand il est dans vos bras. Des gestes aussi simples permettent à la maman de « se réparer, de se sentir bonne » après un accouchement traumatique. Ce corps-à-corps, « corps accord », permet de retrouver confiance en son rôle et ses capacités parentales.

En effet, le rapport au corps est instinctif, archaïque, et permet d'éloigner les ruminations pour vivre dans l'instant présent. Par exemple, un bébé qui se rassure en peau-à-peau sur sa maman qui a vécu un accouchement traumatique, va aider la maman à retrouver confiance en son rôle et ses capacités parentales.

Témoignage

Mme C.

maman de Constance, 2 ans et demi.

« J'ai vécu le pire jour de ma vie à la naissance de ma fille. L'accouchement a été un enfer pour moi, j'ai souffert, j'ai cru mourir, je me suis dit que je n'y arriverais jamais, qu'on allait mourir ma fille et moi. J'étais désespérée, personne ne comprenait ce que je vivais, on me criait dessus en me disant que je mettais ma fille en danger si je ne poussais pas. C'était horrible, j'avais l'impression de mourir, j'ai même pensé qu'il valait même mieux que je meurs. Et quand on l'a posée sur moi, ce moment que j'ai tant imaginé… je n'ai rien pu faire. Elle était là, sur moi, et moi j'étais ailleurs, comme emprisonnée dans ma terreur. Ça a duré des heures. Je ne pouvais pas la toucher, mes bras étaient autour d'elle, mais c'est sans doute mon mari qui les avait placés ainsi. Je ne me souviens plus de ce moment, si ce n'est de mes yeux regardant le plafond, les lumières de la salle et le néant, oui, je ne ressentais rien, rien pour ma fille. Je la voyais là, posée sur moi, mais je n'étais pas là, j'étais en prison. Puis, les jours suivants, tout le monde me félicitait et me disait que tout s'était bien déroulé. Et moi je n'ai rien dit. Ça fait deux ans que je ne peux pas évoquer ce jour, deux fois que je ne peux pas me réjouir le jour de l'anniversaire de ma fille, deux ans que je revois ces images de moi dans un carcan, deux ans que je fuis mes amis, mon entourage qui attendent un bébé, espérant même secrètement et honteusement que cela se passe mal. C'est terrible, je le sais, ils n'y sont pour rien, mais c'est trop difficile pour moi. »

Après une prise en charge spécialisée pour son accouchement traumatique, Mme C. a pu envisager une nouvelle grossesse avec sérénité.

Le récit

Nous avons vu l'importance d'exprimer ce que l'on a vécu lors de ce moment intense et singulier de l'accouchement, même lorsqu'il se déroule comme attendu (page 74). Dans les situations plus difficiles, voire traumatiques, ce récit est encore plus nécessaire afin de ne pas laisser le traumatisme s'installer en vous, ce qui pourrait vous affecter en tant que maman mais également laisser des traces dans la relation avec votre enfant. Extérioriser ce que vous avez vécu peut s'avérer difficile dans les premiers temps : il arrive que le cerveau reste figé au moment où vous avez ressenti de la peine, de la douleur, vous empêchant d'avancer et de vous laisser aller aux émotions positives de l'instant présent. C'est ce qu'on appelle un état de sidération. Cela peut avoir un retentissement sur le lien avec votre bébé et provoquer alors un fort sentiment de culpabilité parental. Dans ces situations, il n'est pas rare d'observer un état de stress post-traumatique (ESPT) qui, s'il n'est pas accompagné, peut entraîner une dépression du post-partum sévère.

Il est donc nécessaire de prendre le temps, quand vous allez mieux sur le plan physique et que vous vous sentez prête, pour accueillir vos émotions, vos ressentis. Parlez-en même si cela est difficile, si cela vous émeut, à votre entourage-ressource ainsi qu'à des professionnels spécialisés. Ne restez pas seule à nouveau avec votre souffrance. Et si, en tant que coparent, vous voyez que votre compagne rencontre des difficultés suite à l'accouchement, qu'elle pleure souvent lorsqu'elle l'évoque, qu'elle en fait des cauchemars, qu'elle rumine l'événement, n'hésitez pas à alerter des professionnels spécialisés en périnatalité comme un psychologue, un pédopsychiatre ou un médecin qui pourront la soutenir.

Il nous est fréquemment arrivé d'encourager les patientes à prendre rendez-vous avec leur obstétricien ou la sage-femme présent le jour de leur accouchement afin de refaire le récit de ce moment. Cela peut soulager également la souffrance de la jeune mère.

Si le souvenir de la naissance de votre enfant est trop douloureux, n'hésitez pas à vous faire accompagner. Il existe de nombreuses prises en charge spécifiques, comme l'EMDR par exemple. Parfois, la seule évocation à un proche ou un professionnel peut suffire à apaiser la souffrance : alors ne gardez pas votre souffrance en vous ! En parler vous libérera et vous serez capable, un beau jour, de vous remémorer et vous réjouir de cette naissance !

5.2. LA SOLITUDE DES JEUNES MÈRES

En accompagnant de jeunes mères, nous observons très fréquemment le début des symptômes d'anxiété au moment de la reprise du travail par le père. C'est révélateur de la durée trop courte du congé de paternité, mais également de la solitude des jeunes mères.

Elles se retrouvent toute la journée seules avec leur bébé, attendant souvent l'arrivée de leur conjoint pour passer le relais et prendre une douche, échanger quelques mots entre adultes. Elle peut aussi se retrouver en décalage avec ses amis, même proches, qui ne vivent pas la même chose qu'elle, ni au même moment.

N'hésitez pas à vous rapprocher de lieux dédiés à la toute petite enfance ou des réseaux de quartiers pour les jeunes parents. Vous allez y rencontrer des familles qui sont dans la même situation que vous. Cela s'avérera utile tout au long de votre parentalité : qui sait, vous irez peut-être chercher leur enfant à l'école et ils garderont peut-être le vôtre pour un week-end en amoureux ! Il s'agit là encore de recréer ce village qui manque tant aux jeunes familles.

Un conseil

À PROPOS DU CONGÉ DE PATERNITÉ

—

Le congé de paternité peut être pris dans les six mois suivants la naissance. On peut alors vouloir l'utiliser pendant les vacances d'été pour profiter tous ensemble en famille, ou alors à Noël pour partir voir notre grand-mère qui vit dans les Antilles… L'idée est tentante effectivement, mais le congé de paternité est fait pour favoriser les liens d'attachement entre les parents et l'enfant, et pour trouver un équilibre au moment de la jolie crise que provoque la naissance. Souvenez-vous de cette temporalité des 40 jours pour la femme dans le post-partum. Il ne s'agit pas d'être strict car chaque mère est unique, chaque corps est singulier, mais gardez tout de même ce repère en tête. Pensez donc, et d'autant plus si la jeune maman ne dispose pas d'autre aide que la vôtre, à poser vos jours de congé paternité au début du post-partum.

5.3. LE BABY BLUES

En 1968, le psychiatre Irvin Yalom utilise le terme de *baby blues* pour décrire cette phase d'abattement qui semble survenir très fréquemment chez les jeunes mamans. Il s'agit d'un mal-être passager, survenant en réaction à toutes les modifications de la vie de la jeune mère auxquelles elle va devoir s'adapter. C'est donc un syndrome habituel, ce qui ne veut pas dire qu'il est facile à surmonter pour la jeune maman.

Le baby blues est fréquent mais non systématique. Il touche entre 50 à 80 % des jeunes mamans. Il survient en général dans les 10 jours suivants l'accouchement avec des pics au 3e et 5e jour, et il peut perdurer jusqu'au 15e jour du post-partum.

À quoi est-ce dû ?

Nous avons évoqué le chamboulement qu'entraîne l'arrivée d'un bébé (tant physique qu'émotionnel), l'épuisement lié à l'accouchement, les modifications corporelles (modifications hormonales, montée de lait, douleurs post accouchement, etc.), la charge émotionnelle intense qui émane de cette rencontre si singulière entre la maman et son bébé. La présence de ce bébé si dépendant place subitement et intensément la jeune mère dans sa fonction maternelle. Tout cela survenant en quelques jours, on peut imaginer à quel point de tels chamboulements peuvent affecter l'humeur de la jeune maman, qui était bien souvent au cours de la grossesse au centre des préoccupations de son entourage, et qui voit soudain cette attention se centrer sur le bébé.

Certains auteurs considèrent le baby blues comme un processus adaptatif à la maternité. Cet état de déstabilisation émotionnelle chez la mère lui permettrait d'être plus sensible à la labilité émotionnelle (changements émotifs brusques) du bébé.

Comment se manifeste le baby blues ?

Les symptômes sont hétérogènes et propres à chaque mère.

Il est important de ne pas banaliser les symptômes, ni de les ignorer au prétexte que « ce serait normal ». Les difficultés ressenties par la jeune maman sont bien réelles et il est nécessaire de s'en préoccuper. La jeune maman a besoin de soutien et d'écoute. Il est nécessaire de prendre soin d'elle, de ses besoins, d'être présent (physiquement et psychiquement) afin qu'elle puisse elle aussi sécuriser son bébé.

RECONNAÎTRE LE BABY BLUES

—

- ☐ Une grande labilité émotionnelle avec passages rapides et déconcertants du rire aux larmes, de la joie au désespoir, de la nostalgie à l'euphorie, de la tendresse maternelle au sentiment d'incapacité, des crises de larmes,
- ☐ une irritabilité inhabituelle, le sentiment d'être à fleur de peau,
- ☐ un sentiment de grande fatigue et d'épuisement qui peut contraster avec des difficultés à dormir,
- ☐ une anxiété, notamment au sujet de ses capacités à être une bonne mère et à répondre aux besoins de son bébé,
- ☐ un sentiment d'étrangeté de son propre corps ou celui de son bébé,
- ☐ un sentiment de découragement,
- ☐ une grande sensibilité aux signaux du bébé (pleurs, etc.) et une grande préoccupation pour son bien-être, pouvant aller jusqu'aux angoisses de mort pour son bébé.

Comment peut-on surmonter le baby blues ?

Les symptômes régressent spontanément mais vous pouvez tout de même le surmonter activement.

POUR VOUS Y AIDER

—

- X **En parler :** il est important pour la jeune maman de partager son vécu avec son partenaire, ses proches ou un professionnel de la santé ou de la petite enfance.
- X **Prendre soin de vous :** dormir, se faire des petits plaisirs.
- X **Avoir des activités plaisantes avec votre bébé :** peau-à-peau, portage.
- X **Se faire choyer** par son conjoint, sa famille, ses amis… Il est important d'être soutenue et de se décharger des tâches quotidiennes.

Si les symptômes durent plus de 15 jours ou sont très intenses, il s'agit peut-être d'une dépression du post-partum ; n'hésitez pas à en parler à un professionnel de santé qui saura vous rassurer et vous orienter.

5.4. LA DÉPRESSION DU POST-PARTUM

La dépression postnatale ou dépression du post-partum est la complication du post-partum la plus fréquente. Encore très insuffisamment repérée et donc trop peu prise en charge, elle touche 15 à 20 % des jeunes mamans.

À la différence du baby blues, c'est un trouble structurel qui dure plus de 15 jours et qui, généralement, survient plus tard que le baby blues. On retrouve plusieurs pics de fréquence à la 6e semaine de l'enfant puis au 9e et au 15e mois de l'enfant.

La dépression du post-partum est souvent annoncée avant la naissance par de l'anxiété ou une dépression pendant la grossesse qui passent souvent inaperçues et ne sont pas prises en charge.

À quoi est-ce dû ?

Les causes de la dépression postnatale sont multifactorielles. Elles sont :

- hormonales,
- génétiques,
- environnementales,
- émotionnelles.

Une chose est sûre : la mère n'en est nullement responsable !

Comment se manifeste la dépression postnatale ?

Les symptômes sont souvent banalisés par les jeunes mamans et non perçus par l'entourage – notamment le partenaire.

Un sentiment de honte et de culpabilité envahit la jeune maman ; elle ne comprend pas pourquoi elle se sent déprimée alors qu'elle vit un moment censé être extraordinaire. Elle a souvent le sentiment d'être une mauvaise mère, et éprouve une grande culpabilité qui l'empêche d'exprimer sa souffrance.

Les symptômes de la dépression post-partum sont très hétérogènes. Notez aussi que les symptômes que nous listons ne sont pas exhaustifs… cela peut également se manifester uniquement par des plaintes somatiques récurrentes, par exemple. Tout élément témoignant d'une souffrance pour la maman nécessite d'être partagé.

Fiche pratique

RECONNAÎTRE LES SYMPTÔMES DE LA DÉPRESSION DU POST-PARTUM

—

La culpabilité est le symptôme omniprésent dans la dépression du post-partum, conjugué à d'autres symptômes classiques de la dépression :

- ☐ une fatigue intense,
- ☐ une labilité émotionnelle exacerbée le soir,
- ☐ une perte des intérêts habituels et de la libido,
- ☐ des troubles du sommeil (surtout des difficultés à s'endormir),
- ☐ des plaintes physiques inhabituelles (douleurs abdominales, céphalées),
- ☐ de l'anxiété, surtout le soir.

Les symptômes sont centrés sur les capacités maternelles :

- ☐ l'impression de ne pas être à la hauteur, d'être une mauvaise mère, d'être dépassée, de ne pas savoir s'occuper de son bébé,
- ☐ un sentiment d'incapacité physique à pouvoir répondre aux besoins de son bébé,
- ☐ l'incapacité, le matin, à affronter la journée,
- ☐ un sentiment de vide, de culpabilité généralisé, ou « d'être de trop »,
- ☐ une envie intense de fuir, de disparaître, pouvant aller jusqu'à des idées suicidaires.

Les symptômes sont également centrés sur le bébé :

- ☐ une peur excessive qu'il arrive quelque chose à son bébé,
- ☐ une anesthésie affective, c'est-à-dire le sentiment de ne rien ressentir pour son bébé,
- ☐ la sensation de ne pas pouvoir se détacher même physiquement de son bébé,
- ☐ des phobies d'impulsion, c'est-à-dire la peur obsédante de faire du mal à son bébé.

Quelles sont les conséquences de la dépression du post-partum ?

La dépression du post-partum est un trouble médical pour lequel il faut être soutenu car elle peut entraîner des conséquences graves tant pour la mère que pour le couple et l'enfant. En effet la dépression du post-partum a des répercussions sur les interactions précoces parent-bébé, et donc sur la sécurité affective de l'enfant et son développement.

- Le suicide est une des plus grandes causes de mortalité chez **les jeunes mères**. On observe aussi la prise de toxiques ou d'alcool utilisés pour diminuer l'anxiété.
- La dépression maternelle est un des facteurs de risque principaux de dépression pour **le coparent**. Les conflits de couple ou l'incompréhension peuvent survenir en cas de dépression du post-partum.
- La dépression maternelle entrave sa disponibilité envers **son bébé** et gêne la constitution des premiers liens mère-bébé. Elle peut, par conséquent, entraîner des conséquences sur la sécurité affective de l'enfant et sur son développement.

Comment peut-on surmonter la dépression du post-partum ?

Si vous souffrez d'un de ces symptômes, n'attendez pas pour en parler. Vous n'êtes ni fragile, ni « folle », vous êtes seulement confrontée à l'un des déséquilibres que provoque la parentalité, laquelle constitue pour tout nouveau parent un grand moment de vulnérabilité.

La bonne nouvelle, c'est que la dépression du post-partum se traite ! Il faut en premier lieu sortir de l'isolement et en parler. Plus on en parle et mieux on parvient à dépasser ses difficultés.

En pratique

Vous pouvez parler de vos difficultés à vos proches, à votre partenaire mais également à des professionnels de santé, à votre médecin généraliste, à votre sage-femme, à la PMI, à une psychologue ou une psychiatre ainsi qu'aux professionnels de la petite enfance. Il existe également des associations, notamment :

- Maman blues (https://www.maman-blues.fr)
- Le site de la société Marcé qui répertorie les équipes périnatales sur le territoire français : http://www.marce-francophone.fr

Le professionnel spécialisé vous proposera ensuite les soins adaptés à votre situation pour vous soulager. N'oubliez pas que souffrir d'une dépression du post-partum ne fait pas de vous une mauvaise mère, au contraire. Le bébé permet à son parent d'évoluer en tant qu'adulte.

5.5. LA PSYCHOSE PUERPÉRALE

La psychose puerpérale est une autre complication du post-partum, différente de la dépression du post-partum. Il s'agit d'un trouble psychiatrique grave survenant le plus souvent dans les 7 jours qui suivent la naissance (entre le 5e et le 25e jour).

Il se caractérise par un état de confusion et de délire qui peut mettre en danger la vie de la mère et de son bébé. Le début est en apparence brutal mais il est souvent précédé par des symptômes très marqués de baby blues, lesquels croissent en intensité.

La confusion mentale s'installe progressivement (elle est plus fréquente en fin de journée) et les troubles du sommeil (insomnie) sont alors très fréquents.

La psychose puerpérale se manifeste d'abord par :

- une grande labilité d'humeur au cours de la journée, avec le passage par des épisodes mélancoliques qui peuvent mettre en danger la vie de la mère et du bébé,
- un délire onirique flou, fluctuant, que l'entourage n'arrive pas à suivre. Les idées délirantes peuvent être des hallucinations auditives ou visuelles et sont souvent centrées sur la relation de la mère avec son bébé,
- une très grande anxiété avec des angoisses de mort, des sentiments d'étrangeté (une impression que ce qui était familier devient étrange, un ressenti anormal).

La psychose puerpérale est considérée comme une urgence psychiatrique qui nécessite une prise en charge spécialisée en urgence dès l'apparition des premiers signes.

5.6. LA DÉPRESSION PÉRINATALE DU PÈRE

Eh oui, ça existe ! L'anxiété ou la dépression périnatale chez les jeunes papas peut survenir pendant la grossesse, ce qu'on appelle aussi « couvade », mais également dans le post-partum. On entend beaucoup parler de la dépression du post-partum chez les mamans car elle prédomine chez les femmes, mais il faut savoir qu'elle existe également chez les papas.

On retrouverait une dépression périnatale chez 10 % des pères (certaines études montrent qu'elle toucherait jusqu'à 24 % des papas). Ce n'est donc pas un trouble aussi rare qu'on pourrait le croire.

La dépression post-natale chez les pères survient généralement plus tardivement que chez les jeunes mamans. D'ailleurs, un des facteurs de risque principal de dépression chez le père est la présence d'une dépression chez sa conjointe. C'est un élément important à avoir en tête car le père en souffrance sera encore plus en difficulté pour reconnaître et aider sa compagne. Le retentissement sur le bébé sera d'autant plus important que ses deux parents souffrent de dépression du post-partum.

À quoi est-ce dû ?

La société actuelle a évolué vers un nouveau modèle parental où les papas sont davantage impliqués auprès de leur enfant et dans leur quotidien. Cela peut entraîner une appréhension à l'égard de leur futur rôle de père.

Souvent, ils veulent être un père différent de celui qu'ils ont eu, plus impliqué et plus présent, ce qui peut entraîner une idéalisation et l'envie d'être un papa parfait. Cela peut générer des angoisses pouvant conduire à une véritable dépression. Par ailleurs l'attention des proches se porte sur le bébé et sa maman tout au long de la grossesse et pendant le post-partum. Les pères peuvent alors se sentir délaissés.

Comment se manifeste la dépression périnatale paternelle ?

Les hommes sont souvent moins enclins que les femmes à parler de leurs émotions, à partager leurs difficultés et à demander de l'aide, et les symptômes sont moins apparents. Comme chez les mères, ils sont très différents d'un papa à un autre.

Fiche pratique

RECONNAÎTRE LA DÉPRESSION PÉRINATALE PATERNELLE

—

On peut retrouver par exemple :

- ☐ un retrait social,
- ☐ une anxiété majeure, des peurs excessives centrées sur le bébé (par exemple des difficultés à se séparer physiquement de leur bébé de peur qu'il lui arrive quelque chose),
- ☐ des difficultés à se sentir père et à ressentir de l'émotion pour son bébé,
- ☐ une indécision, une incapacité à se sentir concerné et à participer au quotidien et aux soins du bébé,
- ☐ une irritabilité importante, pouvant entraîner des conflits conjugaux et parfois de la violence physique,
- ☐ un sentiment de rivalité à l'égard du bébé, ce bébé qui prendrait toute l'attention de la maman,
- ☐ un surinvestissement dans le travail, trouvant des prétextes pour ne pas être confronté à son rôle de père et à ce que cela peut lui faire vivre,
- ☐ une consommation d'alcool ou de toxiques, pouvant entraîner un trouble addictif,
- ☐ des symptômes somatiques tels que des troubles de l'appétit, une prise ou une perte de poids, des troubles du transit, des maux de tête.

Quelles sont les conséquences de la dépression périnatale du père ?

La dépression du père, comme celle de la mère, peut entraîner des conséquences sur le parent en souffrance, sur le couple mais aussi et surtout sur le bébé. Il est important de repérer cette souffrance difficile à reconnaître car la dépression entrave les premières interactions entre les parents et leur bébé et peut donc avoir un effet sur le développement du bébé et sur la sécurité affective qui lui est nécessaire pour grandir.

Il est donc important de savoir que la dépression peut également survenir chez les papas, d'identifier ses difficultés et sa propre souffrance, pour se dégager des sentiments de honte et de culpabilité qui font partie des symptômes de la dépression du post-partum, et pouvoir être accompagné au mieux.

La bonne santé mentale des papas est primordiale dans le développement du bébé ainsi que pour l'établissement d'un équilibre dans cette période de grand chamboulement. C'est pour cela qu'il est nécessaire d'inclure les pères dans le suivi de la grossesse et de les accompagner dans cette nouvelle étape.

Comment peut-on surmonter la dépression périnatale du père ?

Mettre des mots sur cette souffrance permet souvent de libérer le père de ses difficultés. Il est donc important de lui permettre d'en parler et de se faire accompagner soit par des proches, soit par un professionnel.

CHAPITRE 5

Le bébé

1
Le rythme type d'un nouveau-né

Si vous attendez votre premier enfant, vous vous demandez peut-être à quoi peuvent ressembler les premiers jours avec un nouveau-né ? Nous vous avons promis de tout vous dire sans tabou, alors voici le rythme type auquel vous pouvez vous attendre. Bien sûr, tous les enfants sont différents !

À la naissance, le nouveau-né peut dormir entre 16 et 20 heures par jour. Cela va donc occuper une grande partie de son temps ! Son sommeil sera ponctué de tétées car le bébé n'a pas l'estomac suffisamment grand pour faire trois grands repas comme l'adulte. Les repas sont donc très fragmentés, puis diminueront en nombre au fur et à mesure que le bébé grandira. Les premiers jours et premières nuits, les professionnels de la maternité pourront, dans certaines situations, vous conseiller de réveiller votre bébé pour qu'il s'alimente régulièrement et qu'il prenne du poids. Vos premières nuits avec lui seront donc très hachées.

Ayant eu l'habitude d'être bercé pendant neuf mois dans le ventre de sa maman, le nouveau-né se sent en général plus apaisé lorsqu'il est dans vos bras ! Il y reconnaît le mouvement, les odeurs, les bruits de respiration et le battement du cœur. Il n'est donc pas rare que le nouveau-né réclame les bras tout au long de la journée et de la nuit.

Dormir, boire… et vient le moment du change ! Votre bébé tout neuf aura besoin d'être changé régulièrement. Les premières selles de bébé sont vert foncé ou noires et collantes, c'est le méconium. Selon qu'il est allaité au lait maternel ou maternisé, le nombre de selles quotidiennes varie.

Votre bébé aura très peu de phases d'éveil au début et elles seront essentiellement passées à téter. Vous disposerez donc de très courts moments pour échanger des regards mais cela va vite évoluer et les temps d'éveil vont se prolonger petit à petit ! Profitez de ces moments pour lui parler et créer un lien avec lui.

Et ensuite ? On ne va pas se mentir, votre maison sera sûrement sens dessus-dessous, les lessives s'accumulent vite avec un nourrisson et il est plus difficile de gérer le quotidien car le rythme de votre bébé laisse peu de souplesse. Souvenez-vous donc de ce qu'on vous disait dans le chapitre 1 : prévoyez à l'avance plusieurs repas, prévoyez des aides ménagères si vous le pouvez, ou mettez à contribution les proches qui viennent vous rendre visite.

Enfin, n'hésitez pas à vous faire aider et à consulter un professionnel de la petite enfance dès que vous en ressentez le besoin. Un baby blues ou des angoisses passagères, une montée de lait, une chute d'hormones, la résurgence d'un élément de votre passé qui vous semblait anodin… N'attendez pas pour confier vos petits et grands tracas !

2
L'attachement et l'accompagnement émotionnel

Le besoin de sécurité affective est un besoin fondamental, qui a un effet profond sur le développement de l'enfant. On vous donne quelques précisions…

2.1. L'ATTACHEMENT : DE QUOI PARLE-T-ON ?

Dans la vie courante, le terme d'attachement désigne un lien affectif positif développé par un individu envers un autre. En psychologie, l'attachement est un concept très complexe. Le sujet est vaste mais il est incontournable lorsque l'on parle du développement de l'enfant. En effet, les neurosciences montrent que l'attachement est un besoin primaire au même titre que le besoin alimentaire et qu'il est fondamental dans le développement de l'individu et de sa capacité à entretenir des relations sociales.

Alors, c'est quoi l'attachement ? C'est une des dimensions du lien affectif que l'enfant développe envers ses parents. Il commence à s'organiser dès la naissance de l'enfant, au fur et à mesure de ses expériences relationnelles avec les personnes qui prennent soin de lui. C'est lui qui pousse l'enfant à rechercher la proximité de ces « figures d'attachement » en cas de détresse. L'attachement peut se fragiliser ou se consolider tout au long de la vie. Il n'est pas figé, cependant les liens tissés lors des trois premières années sont primordiaux.

Dans le jargon professionnel, on appelle *bonding* le lien affectif des parents envers l'enfant, tandis que l'attachement désigne le lien de l'enfant envers ses parents.

Contrairement à ce que l'on pourrait penser, la vie d'un bébé n'est pas toute rose car il est complètement dépendant de vous, et il ressent donc souvent de la frustration et des émotions négatives. On dit alors qu'il est en situation de détresse, car il ne peut pas encore gérer ses émotions et la moindre difficulté ou contrariété prend des proportions importantes, d'autant plus qu'il ne peut pas toujours agir seul pour se sortir de cette situation.

La détresse qu'il ressent peut être suscitée par la faim, une douleur, un besoin de réconfort, une contrariété, une séparation, une peur, etc.

RECONNAÎTRE LA DÉTRESSE DE VOTRE BÉBÉ

Dès que l'enfant se trouve en situation de détresse, son système d'alarme s'active (« Je sens que quelque chose ne va pas... »), déclenchant automatiquement un besoin d'attachement :

- le bébé recherche la proximité avec ses parents : « Je vais pleurer pour rétablir la proximité avec ma figure d'attachement. »
- et il cherche à maintenir cette proximité : « je vais sourire ou soutenir le regard pour maintenir la proximité jusqu'à ce que mon système d'alarme soit apaisé. »

Une fois que la figure d'attachement a répondu au besoin de l'enfant, le système d'attachement s'éteint, tout simplement, et l'enfant peut reprendre son exploration et s'intéresser à d'autres choses.

Pour résumer, les émotions négatives perturbent le bébé, tandis que l'interaction avec la figure d'attachement l'aide à les réguler. Savoir répondre aux besoins d'attachement de votre enfant n'a donc rien à voir avec l'amour que vous pouvez lui porter ; il s'agit de lui montrer que vous le protégez, pour qu'il se sente en sécurité.

> L'enfant doit donc pouvoir s'attacher
> **(se sécuriser affectivement)**
> pour pouvoir se détacher
> **(explorer son environnement).**

Il existe différents styles d'attachement, l'idéal étant de développer un lien d'attachement dit « sécure », c'est-à-dire sécurisé entre l'enfant et ses parents.

2.2. COMMENT FAVORISER UN ATTACHEMENT SÉCURE ?

Répondre aux besoins

La clef d'un attachement sécure est de répondre aux besoins de l'enfant le plus souvent possible. La continuité des soins, la prévisibilité des interactions ou des réactions que vous avez avec votre tout-petit mais aussi la cohérence des interactions (concordance entre les paroles et les actes) sont également importantes. Ainsi, il est préférable de limiter la longueur des séparations entre les parents et le bébé pendant les 3 premières années après la naissance ! N'oubliez pas que le jeune enfant n'a pas de notion du temps et qu'une séparation pour un jour lui paraît durer une semaine. Les séparations sont bien sûr inévitables, mais tentez de les limiter autant que possible et prenez le temps de les préparer et d'en parler avec votre enfant.

Verbaliser LA SÉPARATION

Que les séparations durent 1 journée ou 1 semaine, il sera important de les verbaliser à votre enfant.

Voici quelques exemples de phrases apaisantes :

- « Maman doit aller faire des courses mais elle revient très vite ! C'est Papa qui va s'occuper de toi et vous allez bien vous amuser. »

X « Je dois partir pour le travail pendant 7 dodos mais je vais penser à toi tous les jours. Tu vas beaucoup me manquer mais je sais que Grand-mère va bien s'occuper de toi. »

X « Je sais que ce n'est pas facile pour toi de me voir partir, tu vas me manquer aussi beaucoup. Tu es en sécurité avec Grand-mère, je lui fais entièrement confiance et je vais t'appeler tous les jours. »

Ne partez pas en cachette, quand l'enfant dort sans le prévenir avant !

De plus, séparation physique ne veut pas dire séparation psychique. Il est tout à fait possible de continuer à faire « vivre » le parent absent dans l'esprit de l'enfant. Pour cela, utilisez des photos, faites des appels vidéo tout au long de la journée ou lors du rituel du soir. Montrez à bébé la photo du parent absent lors du rituel du soir : « On dit bonne nuit à Papa aussi » ou on passe l'appel vidéo à ce moment-là. On peut aussi dire tout au long de la journée « Papa est en train de faire ça et il pense à toi ».

Favoriser la sécurité intérieure

La sécurité intérieure et émotionnelle est favorisée par le cadre psychique mais aussi corporel que le parent donne à son enfant. Eh oui, d'un point de vue corporel, la manière de porter le bébé contribue largement à cette sécurité intérieure ! Comment faire ? Tout simplement en aidant l'enfant à prendre conscience de son axe corporel, c'est-à-dire des deux extrémités de sa colonne vertébrale. En d'autres termes, il suffit de porter le bébé en soutenant à la fois la première cervicale (début de la colonne vertébrale, juste sous la tête) et le coccyx (fin de la colonne, au-dessus des fesses). Trop souvent on parle de l'importance de soutenir la tête du bébé jusqu'à ce que bébé sache la maintenir, mais on omet l'importance du soutien du coccyx.

Souvent, le soutien de la tête du bébé se fait au niveau de la nuque. Mais il faut savoir que la première cervicale s'insère au-dessus de la nuque, au niveau de ce que l'on nomme l'occiput (à l'arrière et à la base du crâne). Il est donc important de tenir la tête au-dessus de la nuque ! La tête de bébé est très lourde par rapport au poids de son corps, c'est pourquoi nous vous encourageons à maintenir un soutien derrière sa tête et sous son occiput jusqu'à 15/18 mois.

Par ailleurs, nous avons souvent le réflexe d'installer bébé sur nos jambes sans lui offrir un réel maintien sous le coccyx. Or sans ce soutien, le bassin ne se retrouve pas dans la position physiologique enroulée, ce qui peut ébranler ce sentiment de sécurité.

Voilà pourquoi le bébé est plus rassuré dans les bras. Ce besoin de soutien en haut et en bas de la colonne vertébrale sera davantage assouvi en portage plutôt qu'en transat ou sur un tapis d'éveil.

Fiche pratique

COMMENT SOULEVER ET PORTER VOTRE BÉBÉ ?

—

Pour aller vite ou parce que cela nous paraît plus pratique, nous avons tendance à soulever ou porter le bébé sous les bras. Tout d'abord, nous vous encourageons à ressentir ce que cela fait d'être redressé par les aisselles : demandez donc à votre conjoint de vous soulever en vous attrapant sous les bras. Vous allez vite sentir combien c'est inconfortable et insécurisant ! Par ailleurs, cette posture du bébé « suspendu » par les aisselles ne respecte pas la physiologie de la colonne du bébé qui est « enroulée » (la colonne forme un C). Nous vous encourageons donc vraiment à penser à ce double soutien, occiput et coccyx, lorsque vous portez et soulevez votre bébé. Le soutien occiput-coccyx permet au bébé de retrouver la position de l'enroulement in utero et répond à son besoin de développement neuromoteur. Ainsi, vous lui assurez un sentiment de continuité corporelle et de sécurité intérieure.

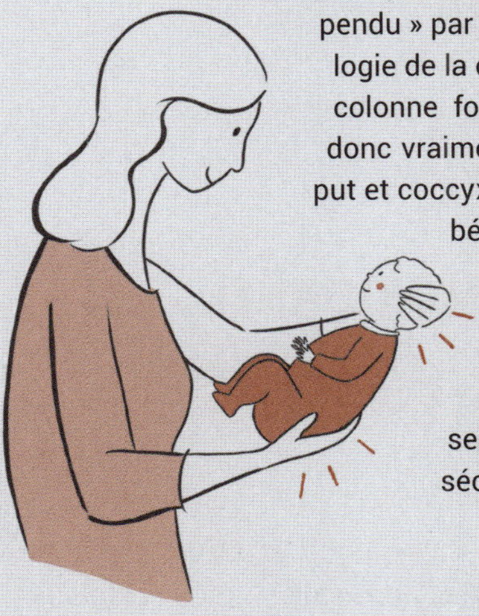

2.3. À QUOI ÇA SERT ?

L'attachement a une double fonction de protection et de socialisation :

- De protection, car il incite l'enfant à solliciter l'adulte en cas de besoin contre les agressions externes ou internes (douleurs). L'adulte lui répond en lui apportant un sentiment de sécurité.
- De socialisation, car si l'attachement se crée au sein de la famille, il va se transposer des proches aux étrangers, puis à des groupes de plus en plus larges.

Les bénéfices d'un attachement sécure sont nombreux :

- il aide à reconnaître les émotions négatives et à apprendre à les maîtriser,
- il stimule l'exploration : l'enfant utilise sa figure d'attachement comme une base de sécurité et se tourne vers elle pour trouver réconfort,
- il favorise le développement de l'autonomie que N. Guedeney définit comme la capacité de « savoir ce que l'on peut faire seul et savoir quand on a besoin d'aide »,
- il est un socle pour le développement de l'intersubjectivité et de l'empathie. L'intersubjectivité est ce qui permet de faire la distinction entre soi et l'autre : c'est ce qui permet au bébé de se ressentir comme une personne à part entière, différente de sa maman ou d'un tiers,
- il est une base capitale pour réguler le stress,
- il permet de développer la confiance en l'autre,
- il développe un sentiment de valeur personnelle (bonne estime de soi).

2.3. L'ACCOMPAGNEMENT ÉMOTIONNEL

L'accompagnement émotionnel du bébé est primordial et va jouer sur l'attachement de l'enfant.

On peut aider le bébé à reconnaître et gérer ses émotions dès sa naissance en mettant des mots sur ce que l'on pense qu'il ressent : « Tu es en colère, tu as faim mon bébé ! », « Oh cette porte qui a claqué t'a fait peur ! » Plus tard, vers l'âge de 18 mois, vous pourrez lire des livres sur les émotions avec votre enfant pour l'aider à reconnaître ses propres émotions et celles des autres.

L'accordage affectif

On observe une influence émotionnelle réciproque entre la mère et son bébé : les rires de la mère provoqueront les rires du bébé, les pleurs du bébé attristeront sa mère, etc. Le pédopsychiatre Daniel Stern a bien mis en évidence la synchronie affective de la mère et de son enfant, laquelle existe dès la naissance, mais se développe pleinement vers l'âge de 9 mois, c'est-à-dire qu'il existe une contagion d'affects entre l'un et l'autre, une influence réciproque de la vie affective de l'un sur celle de l'autre.

Le dialogue tonico-émotionnel

Le dialogue tonico-émotionnel décrit par Julian de Ajuriaguerra en 1977 est une communication entre les corps de deux partenaires. Notre état tonique est dépendant des émotions qui nous traversent : par exemple, le stress entraîne une tension musculaire, nous pourrons alors avoir tendance à remonter les épaules ou à contracter nos mâchoires. Le dialogue tonico-émotionnel est donc le dialogue physique des états émotionnels que se transmettent deux personnes.

Par exemple, un bébé est dans les bras de sa maman qui parle à une amie et il commence à s'agiter car il a faim :

- La maman perçoit l'agitation et répond par l'agitation en berçant plus vigoureusement l'enfant. Cela accentue l'agitation de l'enfant mais aussi celle de la mère qui finit par s'agacer également. Dans cet exemple, le parent n'a pas conscience que son enfant a faim car elle est en train de parler avec quelqu'un d'autre, elle est moins attentive à son enfant. L'état de tension de l'enfant et de la mère augmente.
- La maman perçoit l'agitation, interrompt sa conversation et redresse son bébé, lui masse le ventre et lui parle tout doucement pour le faire patienter pendant qu'elle lui prépare son biberon. Les deux s'apaisent.

L'enfant est particulièrement sensible aux variations toniques et rythmiques des bras qui le portent. Plus cette gestuelle rythmique est cohérente et régulière (rythme calme, tension relâchée) plus l'enfant perçoit son cadre comme fiable et en sécurité. Au contraire, un rythme plus soutenu, moins régulier, peuvent procurer une sensation de désorganisation à l'enfant et l'insécuriser.

Prendre le temps d'observer votre enfant va vous permettre de vous ajuster à votre bébé. Ce dialogue tonico-émotionnel permet de tisser en douceur des premiers liens. Le portage aux bras, en écharpe, le peau-à-peau, le regard œil-à-œil vont favoriser ce dialogue tonico-émotionnel.

2.4. FAUT-IL LAISSER PLEURER VOTRE BÉBÉ ?

Qui n'a jamais entendu la fameuse phrase « laisse-le pleurer, il va bien finir par s'endormir » ? Pourtant les neurosciences sont catégoriques : laisser pleurer un bébé est néfaste pour le développement de son cerveau et pour la qualité du lien d'attachement. Les pleurs permettent aux bébés de communiquer leurs besoins car ils n'ont pas d'autres moyens de le faire. Cela peut être une couche sale, la faim, la sensation d'avoir trop chaud ou trop froid, un besoin de contact, d'être rassuré ou encore un besoin d'évacuer un trop plein d'émotions. Les pleurs ont donc une véritable utilité.

En revanche, il existe une différence entre un bébé qui pleure seul et un bébé qui pleure en étant accompagné. Lorsque l'enfant est seul et que les pleurs sont longs et répétés, il sécrète du cortisol qui est l'hormone du stress. Si celle-ci est sécrétée en trop grande quantité, elle peut nuire au développement neuronal de l'enfant. De plus, un enfant qui pleure exprime un besoin. Or, si l'on choisit de l'ignorer, on envoie le message à l'enfant qu'il ne peut pas compter sur l'adulte. Le lien d'attachement est donc mis à mal.

ATTENTION

Ne pas laisser pleurer son bébé ne veut pas dire pour autant se précipiter au moindre bruit. Laisser pleurer son bébé 5 minutes le temps d'aller aux toilettes n'entraînera aucune conséquence. C'est la répétition et la durée des pleurs qui auront une incidence. Enfin, si les pleurs vous sont difficiles à vivre, n'hésitez pas à passer le relais ou à vous faire aider.

À l'inverse, un bébé qui est bercé et cajolé pendant ses pleurs va sécréter de l'ocytocine, une hormone dont l'action contrecarre les effets du cortisol. À cela s'ajoute le développement d'un lien d'attachement sécure puisque l'enfant a émis un signal d'alarme en pleurant et que le parent essaie d'y répondre. Même si l'enfant ne s'apaise pas tout de suite, vos paroles réconfortantes et votre présence aident énormément à la régulation émotionnelle.

COMMENT LES BÉBÉS COMMUNIQUENT-ILS ?

On entend souvent dire que les pleurs sont le seul moyen pour les bébés de communiquer. Les pleurs des bébés sont une partie de leurs moyens de communication verbale, cependant ils utilisent également leur corps, leur gestuelle, leurs mouvements de manière innée pour communiquer avec vous.

Et si on essayait d'y être attentif ?

Le pédiatre T. Brazelton a passé sa vie à observer finement les bébés dès leur naissance pour essayer de mettre en lumière leurs compétences et les révéler aux adultes. Nous nous fondons sur ses travaux pour décrire rapidement les signes des bébés :

- X Un bébé qui vit une situation de stress (et ils en vivent forcément) adaptera sa fréquence respiratoire, ses battements cardiaques, la couleur de sa peau… si on y réfléchit bien, ces signaux sont les mêmes que chez les adultes.
- X Le bébé nous dit par sa gestuelle comment il va. S'il n'est pas bien, il peut présenter des mouvements plus anarchiques qu'à l'ordinaire, plus saccadés, brutaux, disharmonieux.
- X Les signes d'interaction, la vocalisation et les échanges de regards, donnent également des informations précieuses.

Chaque bébé, chaque mère, chaque père a ses propres moyens de communication.

Le syndrome du bébé secoué

Lorsqu'on est exaspéré par des pleurs trop intenses ou répétitifs, un geste malheureux peut vite arriver. Il arrive à des parents à bout de nerfs de secouer violemment leur bébé. Cela entraîne ce qu'on appelle le syndrome du bébé secoué. C'est en fait un traumatisme crânien qui provoque des lésions plus ou moins graves au cerveau.

Cela peut arriver à tout le monde de se sentir dépassé par les pleurs de son bébé, alors voici quelques astuces pour y faire face.

- L'idéal est de faire intervenir un tiers pour prendre le relais auprès de l'enfant. Expliquez à l'enfant que vous avez besoin de prendre l'air et que vous le confiez à une personne proche. Dites-lui que vous avez besoin de vous apaiser pour mieux le réconforter ensuite, que vous allez revenir et que ça va aller mieux !
- Si vous vous sentez vulnérable et qu'aucun autre adulte ne peut vous remplacer, mettez votre bébé en sécurité dans son lit et isolez-vous le temps de retrouver vos esprits. Pensez également à verbaliser comme décrit ci-dessus cette séparation. Prenez ensuite 5/10 minutes pour écouter un peu de musique, appeler votre conjoint ou une personne-ressource, faire des exercices de respiration/méditation… Vous verrez que ces quelques minutes vous permettront de remettre vos idées en ordre et vous pourrez ainsi retourner vous occuper de votre bébé en étant plus détendu. Vous serez même plus efficace pour l'apaiser ainsi.

3
Le sommeil du bébé

Le sommeil du bébé est un sujet qui préoccupe beaucoup les parents et nous sommes certains que vous aussi abordez ce chapitre avec une légère appréhension ! En effet, les parents mettent souvent en garde les couples qui attendent un enfant en leur expliquant à quel point les nuits sont difficiles avec un nouveau-né…

Nous ne rentrerons pas dans les détails du fonctionnement du sommeil, mais vous trouverez dans ce chapitre les informations nécessaires et vulgarisées pour comprendre comment fonctionne le sommeil d'un bébé et quels sont ses besoins. Comprendre est la première étape pour pouvoir accompagner l'enfant de la façon la plus appropriée et efficace possible. À notre sens, les parents sont en difficulté face au sommeil de leur enfant parce qu'ils méconnaissent son fonctionnement et ont des attentes irréalistes. Pas de recette miracle donc, pas de méthode toute faite, notre objectif est de vous donner les clés de la compréhension du sommeil de votre enfant… et de vous sentir apaisé et serein à ce sujet !

3.1. COMMENT S'ORGANISE LE SOMMEIL ?

Le sommeil est une fonction biologique, c'est-à-dire qu'il est nécessaire au bon fonctionnement du corps humain. Comme toute fonction biologique, le sommeil est inné. À sa naissance, le bébé *sait* donc dormir et nous savons qu'il a déjà des phases de sommeil in utero. Il n'y a donc pas lieu d'apprendre à un enfant à dormir ! En revanche, son sommeil est très différent de celui de l'adulte. La structure du sommeil du nouveau-né va se modifier petit à petit pour ressembler à celle de l'adulte vers l'âge de 6-8 ans.

Structure du sommeil

Pour tout le monde, le sommeil se découpe en plusieurs cycles avec, entre chaque cycle, un micro-réveil : on se réveille, on bouge un peu pour remettre sa couette, se retourner puis on enchaîne sur le cycle suivant, et ainsi de suite. Les micro-réveils peuvent être plus ou moins longs. Un cycle de sommeil est composé de plusieurs phases.

- À la naissance :
  - 1 cycle = 2 phases = 45 à 60 minutes
  - 1re phase = sommeil agité
  - Rythme biologique de 3 à 4 heures
  - Pas de reconnaissance de l'alternance jour/nuit avant 3 ou 4 mois
- À l'âge adulte :
  - 1 cycle = 4 phases = 90 à 120 minutes
  - 1re phase = sommeil lent
  - Rythme biologique de 24 heures
  - Reconnaissance de l'alternance jour/nuit

Les réveils nocturnes

Les réveils nocturnes sont plus fréquents chez les jeunes enfants, c'est tout à fait normal ! Non, votre petite merveille ne se réveille pas pour vous embêter mais bien parce qu'elle en a besoin.

Les cycles de sommeil du bébé sont courts, cela signifie qu'il connaît davantage de micro-réveils que l'adulte. Voilà pourquoi un bébé se réveille souvent. À cela s'ajoutent deux besoins physiologiques importants chez le bébé : celui d'être nourri et celui d'être rassuré.

L'estomac du jeune bébé est tout petit et ne peut donc pas contenir de grandes quantités de lait. C'est pourquoi il a besoin de téter régulièrement jour et nuit. N'oublions pas qu'in utero, votre bébé était alimenté en permanence par le cordon ombilical. Une fois sorti de votre ventre, il doit apprendre à fragmenter ses apports nutritionnels.

BON À SAVOIR !

Durant ses premiers mois, votre bébé va s'endormir en phase de sommeil agité, c'est-à-dire qu'il va bouger, se tortiller, chouiner. C'est tout à fait normal ! Pensez donc à ne pas le stimuler à ce moment-là. Tant que ce ne sont pas des pleurs, votre enfant est en train de trouver son sommeil !

Les nombreux réveils de bébé ont aussi une fonction de survie ! Eh oui, le bébé humain conserve des réflexes archaïques et se réveiller lui permet d'assurer sa sécurité car, de la sorte, il ne se fait pas oublier de son parent. Le bébé humain étant entièrement dépendant d'un adulte, il lui est nécessaire de s'assurer que quelqu'un est bien présent en cas de besoin. La nature est bien faite, n'est-ce pas ?

3.2. LES BESOINS DE SOMMEIL DU BÉBÉ

Attention, les chiffres donnés sont des moyennes et ne sont pas à prendre à la lettre (au chiffre 🙂).

Le meilleur moyen pour savoir si votre bébé a suffisamment dormi reste l'observation : est-ce que votre bébé est souriant à son réveil, gazouille, semble reposé ? Gardez aussi en tête que nous ne sommes pas tous égaux face au sommeil. Il existe des enfants (et des adultes !) qui sont de gros dormeurs et d'autres de petits dormeurs.

Pour assurer son bon développement, l'enfant a besoin, jusqu'à 3 ans, de répartir son sommeil entre le jour et la nuit. Nous distinguons donc le sommeil diurne (les siestes) et le sommeil nocturne (les nuits).

Les deux premiers mois de vie, le bébé dort en moyenne 16 à 20 heures par jour au total !

- De 2 à 3 mois : 12 à 16 heures au total,
- de 3 à 9 mois : 12 à 15 heures au total.

Les temps de sommeil sont directement liés aux temps d'éveil. Le jeune enfant apprend énormément tout au long de la journée et se fatigue donc très vite. Pour éviter qu'il s'épuise et repérer lorsqu'il a sommeil, veillez à respecter des temps d'éveil ni trop courts ni trop longs.

Pour vous aider

Voici quelques repères pour vous aider à comprendre le rythme de votre bébé mais, encore une fois, ils ne remplaceront pas votre propre observation !

Le temps d'éveil entre deux phases de sommeil est de :

- 45 à 60 minutes entre 0 et 6 mois,
- 1 heure à 1 heure 45 entre 2 et 3 mois,
- 1 heure 30 à 2 heures 30 entre 3 et 6 mois,
- 2 à 3 heures entre 6 et 9 mois.

Quand est-ce que mon bébé fera ses nuits ?

Vous connaissez sûrement déjà la fameuse réponse : « Bébé ne fait pas vos nuits mais SES nuits. » Nous confirmons !

Votre bébé sait dormir mais doit respecter ses besoins. Il lui est donc nécessaire, dans les premiers mois, de se réveiller plusieurs fois la nuit. Il arrive qu'un nourrisson se réveille peu mais c'est plutôt rare. De plus, le sommeil de votre enfant se divise entre la nuit et le jour. Attention ! Il a besoin de cela et il ne faut pas supprimer ses siestes afin qu'il dorme mieux la nuit. Ce serait contre-productif. Cela dit, une nuit de 6 heures n'a rien d'alarmant si votre bébé fait plusieurs siestes longues tout au long de la journée. Cela ne correspond pas à vos nuits mais ce sont celles dont votre enfant a besoin pour le moment.

Votre tout-petit peut également être gêné par des coliques ou des reflux qui lui rendent la vie dure. La position allongée peut lui être inconfortable et il peut avoir davantage besoin de la présence du parent si ces petits tracas le perturbent.

Il nous paraît également très important de préciser ici que votre bébé n'a pas les capacités intellectuelles pour vous manipuler, tout simplement car son cerveau est encore trop immature pour mettre au point un tel stratagème. S'il n'arrive pas à s'endormir seul c'est qu'il a besoin de vous et non qu'il essaye de vous jouer un tour !

Enfin, votre bébé sait dormir, mais pas seul ! In utero, il était constamment bercé par des bruits et par vos mouvements. Il est donc naturel que, à sa naissance, un environnement calme et immobile le perturbe.

Comment instaurer un bon sommeil ?

Personne n'apprend à dormir. En revanche, nous pouvons apprendre :

- à reconnaître les signes de fatigue de notre enfant,
- à lui faire accepter la séparation du sommeil,
- à ne pas associer stress et sommeil.

Lors des 3 premiers mois, il sera nécessaire de suivre le rythme de votre enfant et de répondre à ses besoins à chaque fois qu'il les manifestera. Oui, nous sommes d'accord, cela est fatigant et usant de répéter les mêmes choses avec des résultats plutôt aléatoires. Ça peut être frustrant et provoquer des réflexes agressifs, mieux vaut le savoir ! Cependant, vous savez désormais que votre bébé ne peut faire autrement et qu'il a tout simplement besoin de votre aide.

Les 3 premiers mois, pour aider votre enfant à intégrer les notions de jour et de nuit, vous pouvez lui proposer des siestes en laissant la lumière du jour entrer dans la pièce où il se trouve, tout en vaquant à vos occupations auprès de lui (continuez à faire ce que vous avez à faire : lessive, vaisselle… même si ça fait un peu de bruit). En soirée et la nuit, au contraire, accentuez le fait que la maisonnée est endormie. Tamisez les lumières et chuchotez ! Une fois que votre enfant est capable de distinguer le jour et la nuit, vous pourrez lui proposer des siestes dans le noir.

Les rituels rassurent les bébés et les enfants car ils rendent leur quotidien prévisible et familier. Créez des petits rituels dès les premiers mois autour des couchers, aussi bien pour les siestes que pour les nuits. Bien sûr, les rituels évoluent avec l'âge de votre enfant.

LE RITUEL DU SOIR

Des idées de rituel pour un bébé ? Bain, massage avec une huile, pyjama, tétée, chansons, berceuses, câlins puis dodo !

Pour un enfant : brossage des dents, dire bonne nuit à la peluche qui est sur la table à langer, puis à l'ours qui est dessiné sur l'affiche, une histoire, un bisou sur le front, puis sur le nez et un dernier câlin.

L'important est de ritualiser le moment du sommeil dans l'esprit de votre bébé, en partageant un moment privilégié avec lui. Profitez-en pour faire quelque chose (massage, histoires, séance de guilis, relaxation) qui vous plaît aussi à vous car vous aurez à le reproduire tous les jours.

Soyez attentif aux signes de fatigue et couchez l'enfant au bon moment, dès qu'il présente les premiers signes de fatigue. Pour vous aider, les temps d'éveil peuvent être un bon repère.

ATTENTION

Plus votre bébé est fatigué, plus il lui sera difficile de s'endormir. D'où l'importance de ne pas prolonger les temps d'éveil.

LES SIGNES DE FATIGUE LES PLUS COURANTS

—

- ☐ Bâillements
- ☐ Pleurs
- ☐ Se frotte les yeux
- ☐ Yeux et arcades sourcilières rouges
- ☐ Se tire ou frotte les oreilles, le nez ou les cheveux
- ☐ Regard vague, les yeux qui clignent
- ☐ Demande d'affection : câlin, bercement, vient dans vos bras
- ☐ Prend son doudou
- ☐ Suce son pouce, demande la tétine

Régressions ou progressions du sommeil ?

Pendant les premières années de l'enfant, on observe des phases de régression du sommeil. Concrètement, il s'agit d'une dégradation brutale du sommeil de nuit (endormissement difficile et nuit ponctuée de réveils nocturnes) et du sommeil de jour (siestes compliquées). Bien que le résultat visible soit vu comme une régression, on peut aussi penser qu'il s'agit en fait d'une progression. Souvenez-vous que le sommeil de l'enfant se transforme petit à petit pour ressembler à celui de l'adulte. Il y a donc des étapes à passer qui s'associent au développement global de l'enfant. En effet, nous observons souvent des phases de régression du sommeil chez l'enfant lorsqu'il est en cours d'acquisition d'une nouvelle capacité ! C'est aussi le cas lorsque l'enfant vit une période de changement dans son quotidien (entrée en crèche, déménagement, etc.).

Les principales progressions du sommeil sont :

- 4 mois : le bébé apprend à se retourner, ses cycles de sommeil s'allongent et passent de 2 à 4 phases,
- 6 mois : le bébé perçoit la distance des objets et manifeste l'envie de les attraper, les premières dents commencent à sortir,
- 8 mois : l'angoisse de séparation, développement de la motricité,
- 10 mois : l'enfant commence à se mettre debout et cela devient plus intéressant que dormir !
- 12 mois : l'enfant acquiert la marche et son autonomie grandit !
- 18-24 mois : autonomisation, marche, langage, peurs.

La régression du sommeil peut durer jusqu'à 3 semaines environ. Pas de panique, bien que la fatigue soit intense, nous vous suggérons de conserver les mêmes habitudes qu'auparavant. C'est une phase qui va passer ! Si, toutefois, cette phase vous paraît trop longue, éreintante et que vous perdez pied, n'hésitez pas à vous faire accompagner sur quelques séances par un psychologue.

3.3. LES PLEURS DU SOIR

À partir de 3 semaines et jusqu'à 2 à 3 mois, nous observons parfois ce qu'on appelle des « pleurs du soir ». Cela se manifeste par une agitation, des pleurs, des cris, votre bébé est inconsolable. On parle de pleurs du soir car ils surviennent en général en fin de journée vers 18 heures. Ils peuvent durer quelques minutes ou plusieurs heures.

Ces pleurs sont très impressionnants et peuvent désemparer les jeunes parents. Est-ce que cela vous aiderait de savoir que ces pleurs sont tout à fait normaux ? Eh bien c'est le cas ! Depuis sa naissance, le bébé s'ajuste tous les jours à cette nouvelle vie où les stimulations sont nombreuses. C'est beaucoup de stress et d'excitation qu'il évacue avec ces pleurs. Ils sont aussi le signe d'une grande fatigue après une journée bien remplie.

Si vous observez également ces pleurs en journée, ainsi que des signes d'inconfort où le bébé grimace et se tord dans tous les sens, il se peut que ce ne soient pas des pleurs du soir mais des coliques ou un reflux. Si tel est le cas, nous vous encourageons à en parler avec le pédiatre qui vous donnera des solutions.

Comment apaiser ces pleurs ?

Pendant cette période difficile, il n'y a malheureusement pas de solution miracle et vous ne pouvez qu'attendre que cela passe en l'accompagnant. Néanmoins, nous n'allons pas vous laisser comme ça : voici nos petites astuces pour vous aider à passer ce cap :

- Assurez-vous tout d'abord que ce ne sont pas des pleurs de douleur ou de faim.
- Essayez de ménager des journées paisibles à votre enfant, surtout en fin d'après-midi.
- Le portage permet à votre bébé de se rassurer et de se sentir contenu. C'est donc le moment d'utiliser votre écharpe de portage ou le porte-bébé. Vous pouvez en profiter pour le câliner, le bercer. Par ces bercements votre bébé retrouve les sensations qu'il a connues in utero. Placez le ventre de bébé sur votre avant-bras, sa tête repose alors dans votre coude. Vous pouvez utiliser votre deuxième bras pour lui caresser le dos. Ainsi placé, vous pouvez bercer votre enfant tout doucement d'avant en arrière, de gauche à droite et même de haut en bas !

Le petit plus ? Faites du portage en peau-à-peau ! En plus des bienfaits apaisants du portage, le peau-à-peau permet au bébé de mieux réguler sa température, son rythme cardiaque et sa respiration. Idéal pour apaiser les pleurs des bébés !

- Vous pouvez aussi entonner une berceuse, lui parler tout doucement ou lui faire des bisous ! Votre bébé a besoin d'être encouragé et d'entendre vos mots réconfortants. Dites-lui que vous savez que c'est désagréable mais que vous resterez auprès de lui et que ça va passer !
- L'emmaillotage peut également être bénéfique pendant cette période. Il s'agit d'envelopper le bébé dans un lange ou couverture de façon à l'apaiser car il retrouve sa position fœtale. Pour être réalisé de façon sécurisée, l'emmaillotage n'est à utiliser que sur les bébés ne sachant pas encore se retourner. Il faut également respecter l'ouverture des hanches du bébé et ne pas trop serrer le lange. Veillez également à laisser les mains au niveau du visage de l'enfant.

- Votre bébé peut aussi souffrir de coliques ou de reflux car son système digestif est encore immature. Des massages du ventre en profondeur dans le sens des aiguilles d'une montre et des solutions aux plantes peuvent vous aider à le soulager. Enfin, proposez la tétine ou votre petit doigt à téter car la succion joue un rôle anti-douleur !

Enfin et surtout, ne culpabilisez pas ! Vous vous sentez probablement impuissants face aux pleurs de bébé et cela vous brise le cœur, mais vous n'y êtes pour rien. Ces pleurs sont naturels !

La règle d'or des pleurs

Si les pleurs sont trop fréquents, trop forts et que vous êtes à bout, n'oubliez pas de passer le relais avant d'avoir un geste malheureux. Ça peut arriver à tout le monde et plus vite qu'on ne le pense, il est donc important de ne pas rester seuls quand les pleurs deviennent trop oppressants. De plus, si vous êtes vous-même tendu, votre bébé le ressentira et cela ne fera qu'augmenter ses crises de larmes : faites-vous aider ou prenez le temps de vous calmer d'abord avant d'intervenir.

3.5. ENVIRONNEMENT DU SOMMEIL

L'environnement du sommeil est évidemment très important… et pourtant on oublie souvent de le soigner ! Pour favoriser le sommeil du tout-petit, il faut une chambre calme : éloignez au maximum le lit des nuisances sonores (TV, radio) ; pas de silence total mais pas trop de bruit non plus. Placez le lit de façon que l'enfant voit la porte d'entrée. Si possible, placez-le dans un angle car cela le rassure d'être « protégé » par les murs. La chambre doit être rangée pour éviter trop de stimuli : jeux cachés/rangés, pas de mobile au-dessus de la tête. La chambre doit être aérée quelques minutes avant le coucher. Une température entre 18 et 20 °C est recommandée. Pensez à ajuster l'épaisseur du pyjama et de la turbulette en fonction de la température. Plongez autant que possible la pièce dans le noir total pour favoriser la sécrétion de la mélatonine (somnifère naturel que l'on sécrète en fin de journée… mais dont la production est retardée par la lumière), pas de veilleuse.

Le cododo

Le cododo consiste à partager soit la chambre de son enfant, soit le même lit. C'est une pratique qui existe depuis toujours et dans toutes les cultures du monde mais nous en parlons de plus en plus dans nos cultures occidentales car un tabou commence à se lever. Il était probablement beaucoup pratiqué en cachette auparavant mais désormais les parents ne craignent plus de dire qu'ils pratiquent le cododo… par commodité ou par choix.

L'OMS et de nombreux organismes de la petite enfance et médecins recommandent le partage de chambre jusqu'aux 6 mois de l'enfant. Cela jouerait un rôle protecteur pour éviter le syndrome de mort inattendue du nourrisson. Cependant, le cododo reste un choix personnel. L'essentiel est que chaque famille fasse ce qui lui convient pour elle, pour son équilibre.

Par ailleurs, si vous souhaitez partager le même lit que votre enfant, il existe quelques précautions à prendre pour le faire en toute sécurité :

LES RÈGLES DU CODODO

—

- X Il faut que le matelas soit assez ferme pour éviter que bébé s'étouffe dedans s'il se retournait.
- X Enlevez tout oreiller, couverture ou autre objet sous lequel bébé pourrait enfouir sa tête.
- X Assurez-vous qu'il n'y ait pas de trou entre le mur et le matelas où bébé pourrait se coincer la tête.
- X Bien sûr, ne consommez pas d'alcool, de drogues, d'anxiolytiques ni d'hypnotiques… ni ne fumez dans la chambre avant de vous coucher avec votre bébé !
- X Assurez-vous que votre bébé est bien couché sur le dos.
- X Ne chauffez pas trop la chambre. Couvrez votre enfant d'une couche supplémentaire (si vous portez une couche de vêtements, couvrez-le de deux couches).

Si vous souhaitez avoir l'esprit tranquille, il existe des lits spéciaux de cododo qui sont des lits pour bébé avec une ouverture sur le côté permettant de le coller au lit parental.

La mort inattendue du nourrisson (MIN)

La mort inattendue du nourrisson (anciennement appelée mort subite du nourrisson) désigne le décès brutal et inexplicable d'un bébé, généralement durant son sommeil : un bébé s'endort et cesse de respirer, sans cause médicale apparente. Il peut se produire avant l'âge de 1 an, le plus souvent entre 2 et 4 mois.

Fiche pratique

RECOMMANDATIONS POUR ÉVITER LA MIN

—

C'est un sujet délicat, et loin de nous l'idée de vous alarmer, mais il est possible de diminuer efficacement le risque de mort inattendue du nourrisson en suivant les recommandations de la Haute Autorité de Santé (HAS) :

• **Couchez votre bébé sur le dos,** que ce soit pour la nuit ou pour la sieste. Lorsque votre enfant se tourne lui-même sur le ventre (habituellement vers l'âge de 6 mois) laissez-le faire mais veillez à ce que le lit soit bien dégagé.

• Faites dormir votre bébé dans une gigoteuse ou une turbulette dans un lit adapté à son âge sur un **matelas ferme et plat**. Les tours de lit, couvertures, oreillers, doudous, peluches (et tout objet de manière générale) sont à bannir pendant les premiers mois. Ces précautions permettent à votre enfant d'**avoir le nez et la bouche dégagés** pendant son sommeil.

• **Installez le lit de votre bébé dans la chambre parentale** pour les premiers mois. Cela rassure le bébé qui ajuste sa respiration sur la vôtre. Il semblerait que cela diminue de moitié le risque de MIN. Sachez par ailleurs que la proximité aide à la vigilance et vous permet de mieux déceler une quelconque anomalie et de répondre plus rapidement aux signaux envoyés par votre bébé.

• Évitez de surchauffer la chambre de votre bébé. Maintenez la pièce à une température confortable entre 18 et 20 °C.

• **Ne l'exposez pas au tabac.** Il semble que le risque de MIN soit plus élevé quand la mère a fumé pendant la grossesse ou quand les enfants sont exposés à la fumée de cigarette durant les premiers mois après leur naissance.

• **L'allaitement maternel** serait un facteur de protection. On n'en connaît pas toutes les raisons, mais on pense que l'effet protecteur de l'allaitement provient du fait que le bébé allaité se réveille plus facilement que le bébé nourri au biberon.

• **La tétine** aurait également un rôle protecteur.

• On trouve dans le commerce, des systèmes de surveillance visant à prévenir le risque de MIN. Ceux-ci n'ont pas d'efficacité prouvée... mais leur inefficacité n'est pas prouvée non plus, et ils peuvent vous apporter un sentiment de sécurité.

4
L'alimentation

4.1. L'ALIMENTATION DE LA FEMME ACCOUCHÉE ET DE LA MÈRE ALLAITANTE

La grossesse exige quelques restrictions alimentaires (finis le poisson cru, le fromage, la viande crue)… alors retrouvez le plaisir des bonnes choses pendant votre post-partum, le risque est derrière vous !

Quelques conseils

Plutôt qu'une longue liste de prescriptions compliquées, nous vous donnons quelques règles simples à suivre :

X **L'hydratation :** continuez à boire régulièrement tout au long de la journée, au minimum 1,5 litre d'eau par jour. Pas de sodas (trop de sucre), et le café et le thé en quantité limitée (une tasse par jour). En revanche, l'eau, les infusions et les jus de fruits pressés sont à volonté !

X **Évitez les grignotages :** privilégiez les fruits secs et oléagineux (comme un cocktail raisins secs, amandes, noisettes). Si vous avez faim entre les repas, instaurez une collation (yaourt/fromage et fruit).

X **Les légumes sont à volonté !** Avec un mélange de crus pour l'apport en vitamines et de cuits pour favoriser la digestion.

X **Privilégiez les céréales complètes** plutôt que raffinées.

X **Veillez à avoir un apport de calcium suffisant** grâce aux produits laitiers. Prévoyez une portion à chaque repas (yaourt, fromage, lait). Attention, boire des litres et des litres de lait n'augmentera pas votre production !

X **Accordez-vous également un apport de protéines suffisant** sur 2 repas : animales (viande, poisson, œufs) et végétales (légumes secs, soja, épeautre, spiruline, etc.).

Sachez que s'occuper d'un nouveau-né à plein temps occasionne une dépense énergétique plus importante qu'avant la grossesse. Il est donc important d'avoir des apports journaliers suffisants (pas de régime amincissant !) et de qualité. Une bonne nutrition est gage de bonne santé, alors dans cette période fatigante, où les hormones s'effondrent, pensez à prendre soin de votre corps.

Spécificité de l'allaitement maternel

Pour produire du lait, votre corps a besoin de calories supplémentaires. Pendant la grossesse, votre corps a fait des réserves en prévision de l'allaitement, il n'est donc pas nécessaire de manger plus.

Si certains aliments peuvent donner du goût au lait, il ne faut pas pour autant changer vos habitudes, votre bébé s'adaptera et découvrira différentes saveurs à travers l'allaitement. Par contre, il se peut que votre bébé réagisse à certains aliments. Si vous percevez de la gêne à la tétée après avoir mangé quelque chose d'inhabituel, arrêtez-en la consommation. Si la gêne persiste, n'hésitez pas à demander conseil à votre pédiatre ou à un professionnel spécialisé dans la lactation.

QUELQUES PARTICULARITÉS...

—

- X Certains aliments favoriseraient la lactation : le fenouil, le fenugrec, les flocons d'avoine, le malt d'orge retrouvé dans la bière (sans alcool).
- X D'autres pourraient la freiner : le persil, la sauge, la menthe poivrée ; il faut cependant en consommer une certaine quantité pour avoir un effet.
- X L'alcool est à éviter. Si toutefois vous effectuiez un petit écart, prenez votre verre de vin juste après une tétée pour que l'alcool ait le temps de se dissiper avant la tétée suivante (2-3 h après).
- X Limiter votre consommation de café, de thé, de chocolat (lequel contient de la caféine) et autres boissons énergisantes. La caféine passe dans le lait maternel. Si vous en consommez beaucoup, cela peut rendre votre bébé nerveux et irritable jusqu'à ce qu'il l'ait éliminée.
- X La nicotine du tabac passe dans le lait maternel et peut provoquer des pleurs, de l'irritabilité et de l'insomnie chez le bébé allaité. S'il vous est difficile d'arrêter, essayez de ne pas fumer juste avant la tétée et, surtout, ne fumez jamais en présence de votre enfant.

4.2. L'ALLAITEMENT AU SEIN

Avant d'aborder ce chapitre, il est important de vous rassurer et de rectifier certaines idées reçues sur l'allaitement car elles provoquent bien des inquiétudes :

- Toutes les femmes ont du lait en quantité nécessaire, l'insuffisance de lactation est rarissime.
- Il n'y a pas de mauvais lait ni de lait insuffisamment nourrissant.
- **Le lait maternel couvre tous les besoins de votre bébé,** il contient les vitamines, les sels minéraux, les oligoéléments, les sucres, les graisses, les protéines dont votre bébé a besoin pour bien grandir, le tout dans la juste quantité.

Dès la naissance, le contact en peau-à-peau avec votre bébé va favoriser la première mise au sein. Cette première tétée est à proposer dès que possible (idéalement dans les 2 premières heures après l'accouchement).

Par la suite, il est recommandé de mettre votre bébé au sein à la demande à chaque signe d'éveil. Votre bébé veut téter lorsque vous observez :

- des mouvements des paupières,
- des mouvements des lèvres, de la langue,
- des mouvements de succions audibles,
- des mouvements de la tête,
- des étirements des bras, des jambes,
- qu'il porte la main à la bouche.

Ces signes peuvent être isolés ou associés.

Les premiers jours, l'estomac de votre bébé est tout petit : les quelques gouttes de colostrum (3 à 5 ml par tétée le jour de sa naissance) suffisent largement à votre bébé. Veillez toutefois à lui en proposer régulièrement ; la stimulation des seins dans les premières 24 heures par le bébé est essentielle à l'enclenchement de l'allaitement (8 tétées en moyenne).

Il est conseillé, avant et après chaque tétée, d'appliquer une goutte de votre lait sur le mamelon pour l'hydrater et éveiller les sens de votre bébé.

Ne pas savoir la quantité de lait bu par votre bébé au cours d'une tétée peut vous laisser perplexe, cependant s'il remplit régulièrement sa couche, c'est que l'allaitement est efficace.

LA LACTATION

Comprendre le mécanisme de régulation et de production du lait

—

La lactation fonctionne sous l'effet de deux hormones, l'ocytocine et la prolactine. Elle est sujette à la loi de l'offre et de la demande : plus votre bébé tète, et plus sa technique de succion est efficace, plus la sécrétion de prolactine et d'ocytocine est importante, et plus la production de lait est élevée.

Lorsqu'au contraire le sein s'engorge, un phénomène régulateur se met en place : votre organisme produit moins voire stoppe la production de lait. Évitez donc les engorgements trop gros qui risqueraient de vous faire passer d'une lactation abondante à une lactation affaiblie.

Les différentes positions

Il est impératif que vous soyez installée le plus confortablement possible. Une tétée peut durer longtemps, donc pas de place pour l'inconfort ! Les coussins d'allaitement peuvent être un vrai support et les habits prévus pour l'allaitement sont très pratiques pour pouvoir allaiter partout. La meilleure position, c'est celle que vous choisirez en fonction de votre ressenti. L'essentiel est qu'elle permette à votre bébé d'avoir une bonne succion, tout en étant confortable pour vous, sans occasionner de douleurs aux mamelons. Vous pouvez aussi varier de position au fil des tétées.

La mise au sein

En cas de mamelons ombiliqués ou plat, votre bébé peut avoir du mal à prendre le sein. Stimuler votre mamelon manuellement ou mettre des compresses froides avant la mise au sein peuvent le faire sortir un peu plus et ainsi faciliter la prise. Des **bouts de seins** en silicone sont aussi possibles ; ils reprennent la forme du mamelon, et permettent à votre bébé de prendre le sein. L'extrémité est perforée de plusieurs petits trous permettant l'écoulement du lait. Vous n'en n'aurez peut-être pas besoin pendant toute la durée de votre allaitement car vos mamelons vont s'habituer à l'allaitement, mais ils peuvent vous être d'une grande aide à certains moments. Il existe différentes tailles, en fonction de celle de votre mamelon ; attention, la taille de vos mamelons peut évoluer entre le début et la fin de la grossesse.

Fiche pratique

L'ALLAITEMENT
COMMENT FAIRE ?

Formez un cocon autour de votre bébé, sa tête doit être alignée avec l'axe de son corps et son ventre doit être contre le vôtre. Ses deux bras doivent être devant lui et non pas coincés derrière le dos de la maman.

Le biological nurturing

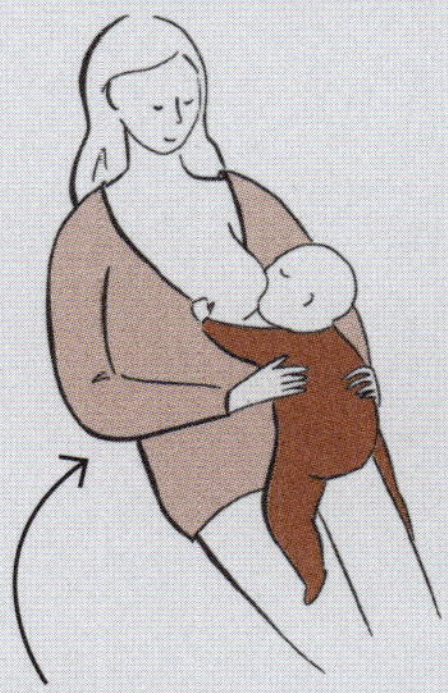

La madone

La madone inversée

Ces dernières années, on recommande de plus en plus le **biological nurturing**, une approche instinctive de l'allaitement. Selon sa conceptrice Suzanne Colson, consultante en lactation américaine, le biological nurturing vise à favoriser les comportements innés de la maman et de son bébé, pour un allaitement serein et efficace. Ainsi, en biological nurturing, la maman donne le sein à son bébé en position inclinée plutôt qu'assise, ce qui est plus confortable. Naturellement, elle va faire un nid avec ses bras pour guider son bébé qui, de son côté, va pouvoir mettre à profit tous ses réflexes pour trouver le sein de sa maman et téter efficacement.

Le ballon de rugby

Recommandé en cas de césarienne, car votre bébé n'appuie pas sur votre cicatrice.

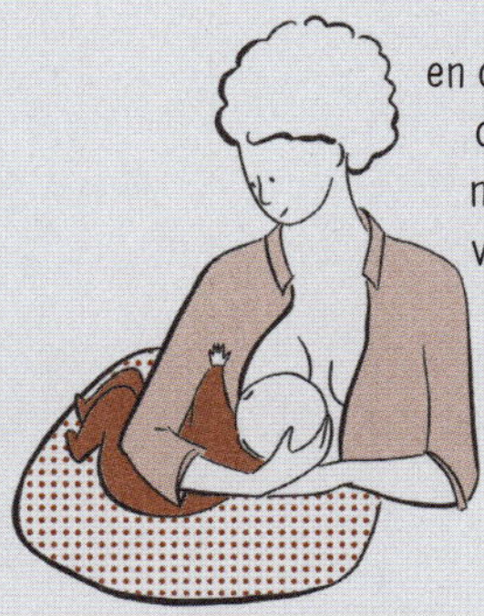

La position allongée

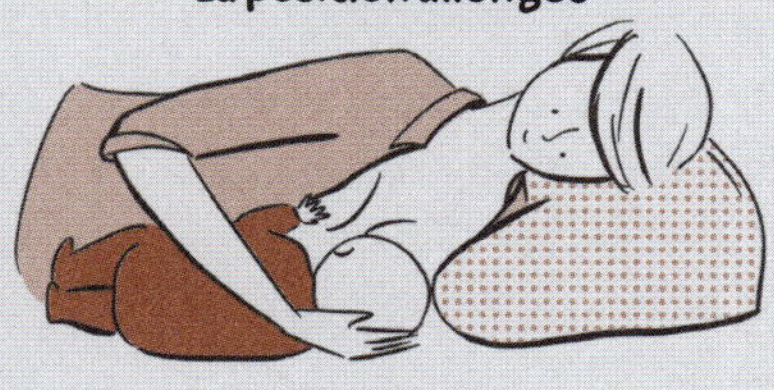

Fiche pratique

LA MISE AU SEIN

COMMENT FAIRE ?

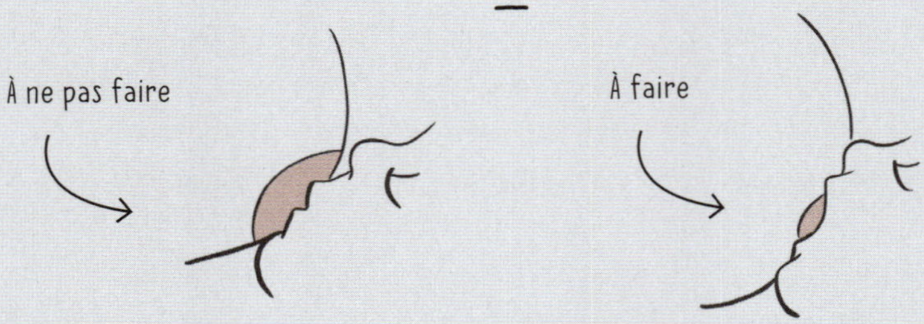

- Votre bébé doit ouvrir suffisamment sa bouche pour prendre une grande partie de l'aréole et pas seulement le mamelon. Vous pouvez lui chatouiller le menton, il a ainsi le réflexe d'ouvrir la bouche. Le risque d'une mauvaise prise de sein est l'apparition de crevasses. Il se peut que vous ayez une sensation désagréable à l'amorce de la mise au sein, cette sensation ne doit pas durer plus de trois succions.
- Observez votre bébé : au début, il va téter rapidement pour stimuler l'arrivée du lait et au fur et à mesure, il va téter plus lentement et plus profondément. Il peut même faire des pauses.
- Écoutez votre bébé, vous allez ainsi entendre la déglutition, le son s'apparente à un "k".
- Si vous voulez repositionner votre bébé, glissez votre doigt dans le coin de sa bouche, il lâchera ainsi votre sein.

La montée de lait

Elle arrive en général au troisième jour après la naissance de votre bébé et marque le début d'une production de lait plus abondante. Les seins sont alors souvent plus congestionnés et chauds. Gardez votre bébé en peau à peau contre vous pour qu'il tète dès qu'il le souhaite. Plus il va téter, plus le sein se vide et plus l'inconfort est moindre.

Il se peut que pendant cette période votre bébé ait des difficultés à prendre le sein car celui-ci est très tendu : massez vos seins sous une douche chaude pour faire couler un peu de lait, votre sein sera ainsi plus souple et votre bébé le prendra plus facilement.

Après la tétée, mettre du froid sur vos seins peut atténuer la douleur que provoque la congestion.

Au cours de la mise en place de cette montée de lait, votre bébé peut avoir une phase pendant laquelle, il réclame beaucoup votre sein, semble insatisfait, pleure… C'est normal, ce n'est pas parce que votre lait n'est pas assez nourrissant ou que vous vous y prenez mal, c'est ce qu'on appelle les *tétées groupées*. Souvent en début de soirée ou en début de nuit, votre bébé va boire en petite quantité et beaucoup plus régulièrement. Vous pouvez mettre votre bébé en peau à peau pour l'apaiser. Ne vous inquiétez pas, c'est une phase physiologique. Mais avec la fatigue qui s'accumule, la chute des hormones, elle peut être vécue difficilement. N'hésitez pas à en parler et à prendre des conseils auprès des professionnels et de vos personnes-ressources.

Donner un sein ou les deux

Votre bébé peut prendre un seul sein à chaque tétée, ou les deux, et cela peut même varier au fil des jours, voire au cours de la journée. En pratique, il est conseillé de laisser votre bébé mener la danse et de lui donner un sein tant qu'il en a besoin, et s'il semble avoir encore faim, lui proposer l'autre sein autant qu'il le souhaitera. Pensez également à alterner les seins d'une tétée à l'autre.

Bien que présentant de nombreux bénéfices, on note certaines carences dans le lait maternel, comme la carence en vitamine K1. À la sortie de la maternité, le médecin vous donnera une ordonnance pour assurer la supplémentation de votre bébé.

Les maux de l'allaitement

Au cours de votre aventure lactée, il se peut que vous soyez confrontée à certaines douleurs (crevasses, engorgement). Elles ne sont pas à minimiser car elles peuvent vous décourager pour la suite de votre projet. Elles peuvent être le signe que votre bébé ne tète pas correctement ; il convient alors de corriger la position du bébé au sein.

Il est essentiel de se faire aider en cas de difficultés. Aussi naturel soit-il, l'allaitement nécessite parfois le soutien d'un professionnel. Une aide extérieure, par un spécialiste de l'allaitement (sage-femme titulaire d'un diplôme en allaitement, conseillère en lactation IBCLC) permet de surmonter les difficultés de l'allaitement grâce à des conseils avisés, et de vous rassurer sur votre capacité à nourrir votre bébé.

- **Les crevasses** : ce sont des lésions qui s'apparentent à une gerçure située sur le mamelon ou l'aréole. Au fur et à mesure des tétées, la zone va devenir plus rouge et peut être douloureuse.
  - Vérifiez auprès des professionnels que votre bébé est correctement installé lors d'une mise au sein ; une mauvaise position peut en être la cause.
  - À la fin de chaque tétée, hydratez vos mamelons avec quelques gouttes de lait puis laissez sécher.
  - Vous pouvez également imbiber une compresse de votre lait et la laisser sur votre mamelon jusqu'à la prochaine tétée.
  - Le fait de varier la position de votre bébé (BN, madone...) va permettre à votre mamelon d'être stimulé à d'autres endroits et ainsi laisser la crevasse établie un peu en paix et lui permettre de cicatriser.
  - Il existe des crèmes cicatrisantes spéciales crevasses. Nous vous conseillons d'en avoir une pour votre séjour à la maternité.
  - Les bouts de seins évoqués plus haut peuvent également être une alternative.
- **L'engorgement :** lors de la montée de lait, la production de lait est très importante, vos seins se congestionnent, deviennent lourds, volumineux et parfois douloureux. Pour l'éviter, faites boire votre bébé de façon régulière. Masser vos seins sous une douche chaude peut soulager votre inconfort et pour diminuer la douleur, appliquez de la glace sur votre sein entre les tétées. Si vous avez une douleur localisée, c'est peut-être le signe qu'un canal galactophore (canal par lequel le lait passe des glandes mammaires jusqu'au mamelon) est bouché ; dans ce cas, massez l'endroit douloureux pendant la tétée. En plus de la prescription d'antalgiques, votre sage-femme sera de très bon conseils alors profitez-en. Vérifiez également que la taille de votre soutien-gorge est bien adaptée.
- **La mastite :** c'est une inflammation douloureuse du sein, souvent due à une infection. Elle survient plus souvent en cas de crevasses ou d'engorgement prolongé. Elle s'accompagne généralement de fièvre, le sein peut présenter une bosse, être dur, rouge et douloureux. L'allaitement peut se poursuivre sur le sein non douloureux. Il faut adopter les mêmes réflexes que pour un engorgement, mais il se peut que cela nécessite un traitement antibiotique, à voir avec votre médecin.

Au fur et à mesure que votre bébé grandit, le sein passe progressivement de la phase colostrale à la phase lactée, les tétées vont devenir plus longues, elles vont ainsi s'espacer et vous allez trouver votre rythme. Faites-vous confiance ainsi qu'à votre bébé. Le lait atteint sa maturité complète en termes de composition et de quantité (800 ml en moyenne par 24 h) après environ un mois.

Peur de la fatigue avec des heures de sommeil entrecoupées ? Pendant la mise au sein, l'ocytocine sécrétée vous plonge dans un état de bien-être et de détente absolue, cet apaisement va faciliter votre faculté d'endormissement.

La place du père dans l'allaitement

Les pères peuvent parfois se sentir exclus de la relation privilégiée que la mère allaitante entretient avec le bébé. Ils peuvent aussi avoir envie de subvenir aux besoins de leur enfant en le nourrissant. C'est tout à fait légitime. Pour répondre à cette frustration, le père peut vous aider à positionner le bébé, à mettre en place le coussin d'allaitement, à assurer les changes après les tétées. Cela n'empêche pas le père de prendre une place privilégiée à d'autres moments lors du bain ou de massages pour calmer votre bébé. Par ailleurs, il peut aussi prendre soin de la maman, en lui préparant à manger, en allant lui chercher de l'eau, en s'assurant que tout se passe bien pour elle et le bébé. Un vrai travail d'équipe !

L'allaitement mixte

L'allaitement mixte consiste à alterner sein et biberons de lait artificiel. Il est à distinguer de l'allaitement partiel qui consiste à alterner sein et biberons de lait maternel tiré (tire-allaitement)

Cette décision d'allaitement mixte peut intervenir à différents moment de votre allaitement, soit par défaut après un manque de soutien dans un moment difficile (crevasses, engorgements…), soit par choix (en vue de la reprise du travail, pour s'octroyer un moment de liberté).

Certaines le mettent en place dès la maternité ou au retour à la maison mais il est conseillé d'attendre que la lactation soit correctement établie (environ 1 mois) avant d'introduire des biberons car votre production de lait maternel pourrait être alors fortement diminuée et cela pourrait vous contraindre à arrêter l'allaitement. De plus, la succion au biberon est différente et nécessite moins d'effort que la succion au sein. Un bébé peut vite s'habituer à la prise du biberon et délaisser ensuite le sein, prendre une tétine avec un débit lent peut rappeler la vitesse de l'éjection du lait dans la mise au sein.

La mise en place de biberons doit être progressive tant pour vous que pour votre bébé. Vos seins doivent s'habituer au nouveau rythme et ainsi modifier la vitesse de production du lait. Pour éviter les engorgements il est conseillé d'introduire un biberon puis voir comment cela se passe, si les jours qui suivent sont bien supportés, introduisez un deuxième biberon, etc. Idéalement il faut maintenir 2-3 tétées par jour pour maintenir l'allaitement maternel.

Le choix du lait artificiel se fait avec votre pédiatre/médecin, il existe des laits artificiels qui sont adaptés au relai de l'allaitement maternel.

Il est possible que certains bébés refusent le biberon. Pas de panique, il finira par s'en accommoder. Une tierce personne peut donner les premiers biberons, chauffer légèrement le lait peut rappeler la température du lait maternel (37 °C) ; attention tout de même au risque de brûlure.

Le principe du sevrage de l'allaitement maternel réside sur ce même concept : introduction progressive de biberons jusqu'à l'arrêt total de l'allaitement. Il ne faut pas être pressée, ni pour vous ni pour votre bébé.

N'hésitez pas à prendre contact avec votre professionnel de référence (conseillère en lactation, sage-femme, puéricultrice, auxiliaire de puériculture) pour vous guider durant cette période. Elle est différente pour chaque maman et chaque bébé, donc il est difficile d'établir des règles généralisées.

LE TIRE-ALLAITEMENT

C'est le fait de tirer son lait et de le donner ensuite à votre bébé avec un biberon. Il peut être apprécié en cas de douleurs à la mise au sein, si des crevasses persistent ou par commodité. Il peut être fait en alternance d'une mise au sein ou de biberons de lait artificiel. Comme pour l'allaitement mixte, nous vous conseillons d'attendre que le rythme des tétées soit bien installé (1 mois). En effet, les premiers jours votre bébé va demander beaucoup pour que la montée de lait arrive, donc il n'est pas simple de gérer et la manipulation du tire-lait et le biberon de lait tiré. Mais à terme, ça peut-être une organisation qui vous convient.

Les alliés de l'allaitement

Voici une liste non exhaustive de choses dont vous pourriez avoir besoin :

- **le coussin d'allaitement** *:* il est incontournable pour vous aider à maintenir votre bébé bien installé pendant l'allaitement et ainsi vous éviter des douleurs. Une tétée dure plus ou moins longtemps et votre bébé va prendre du poids, donc ne vous privez pas de cette aide.
- **le tire-lait** : il vous permet de tirer votre lait et ainsi faire des réserves. Il en existe plusieurs sortes (manuel, électrique, à simple ou double pompage). Il se loue en pharmacie, sur des sites ou des magasins spécialisés. La location est prise en charge par l'assurance-maladie. Il peut vous être utile à divers moment de votre allaitement mais surtout, il sera votre allié indispensable lors de votre retour au travail si vous souhaitez maintenir votre allaitement.
- **les coussinets d'allaitement** : ils sont à mettre au contact de votre mamelon dans votre soutien-gorge après la mise au sein et servent à absorber les gouttes de lait qui peuvent survenir en dehors des tétées et éviter ainsi les tâches de lait sur vos vêtements. Ils peuvent être lavables ou à usage unique.
- **les coquilles d'allaitement** : lorsque vous donnez un sein, il se peut que l'autre se mette à couler, ces coquilles vous permettent de recueillir cet excès de lait.

ET EN CAS D'ACCOUCHEMENT PRÉMATURÉ ?

—

En cas d'accouchement prématuré (avant la 37e semaine d'aménorrhée), l'allaitement maternel est tout à fait envisageable. Lorsque cela est possible c'est même l'alimentation idéale pour votre bébé. Si votre bébé a des difficultés ou s'il est dans l'incapacité de prendre votre sein, vous pouvez mettre en route votre lactation en tirant votre lait, à l'aide d'un tire-lait. Il est important de vous faire accompagner durant toute cette mise en place par les auxiliaires de puériculture, les puéricultrices, pédiatres, sage-femmes...

EN CAS DE GROSSESSE MULTIPLE ?

—

Si vous attendez des jumeaux, l'allaitement maternel aussi est possible. Il faut tout de même avoir en tête que c'est un vrai rythme à prendre. Dans l'idéal, mettre les deux bébés aux seins en même temps pourra vous paraître moins chronophage. Le coparent sera d'une aide précieuse mais également votre entourage pour alléger le reste de l'organisation de la maison.

4.3. L'ALLAITEMENT AU BIBERON

Pendant votre séjour à la maternité, on vous donne des biberons déjà préparés appelées nourettes. À la sortie, le pédiatre va prescrire à votre bébé du lait premier âge. Ce lait en poudre est conditionné dans de grosses boîtes et vous devrez préparer les biberons. Il convient de respecter quelques règles d'hygiène rigoureuses mais simples pour cette préparation.

Tétines et biberons

Les rayons et magasins de puériculture regorgent de marques différentes, pas toujours évident de faire le tri quand il y a autant de choix.

- **Le biberon :** la matière, la forme et la contenance sont diverses. Un conseil, choisissez des biberons faciles à nettoyer, ergonomiques, avec une prise en main facile. Laissez-vous aussi le choix d'en changer si vous vous apercevez que votre bébé est gêné.
  - en verre : matière naturelle, sans saveur, sans odeur, ne ternit pas mais plus lourd et plus fragile,
  - en plastique : léger, incassable mais ternit rapidement au lavage. Depuis 2010, la fabrication des biberons contenant du bisphénol A (perturbateur endocrinien) est interdite en France.
  - en silicone : souple, doux, rappelle le toucher de la peau mais plus coûteux.
- **la forme :** cylindrique, triangulaire, coudée… celle que vous préférez !
- **la contenance :** 150 ml, 240 ml, 330 ml… prenez en plusieurs, ceux de 150 ml sont appréciables les premières semaines et vous vous en servirez aussi plus tard pour donner de l'eau au moment de la diversification alimentaire.

- **Les tétines :** Sachez que chaque marque de biberon commercialise sa propre tétine donc il est impossible de dissocier les deux.
- Caoutchouc ou silicone, le choix de la tétine va dépendre de votre bébé. S'il a une succion forte, préférez le silicone, si sa succion est plus douce, le caoutchouc (plus souple mais moins résistant au lavage) peut être plus adapté.
- Les fabricants proposent généralement 3-4 vitesses de tétine : les débits lents pour les nouveau-nés, les débits moyens ou débits rapides pour les plus grands. Il existe des tétines à débit variable qui permettent de s'adapter à l'évolution de votre bébé. Enfin des tétines spécifiques pour les liquides épais au moment de la diversification par exemple. Si vous trouvez que votre bébé met trop de temps à prendre son biberon, qu'il s'énerve, il est peut-être temps de passer à une vitesse de tétine supérieure.
- **La forme :** à bout plat, à bout rond ou asymétrique. Une tétine plate dont la forme se rapproche de celle du sein facilite la transition, au moment du sevrage de l'allaitement maternel. Elle est également parfaitement adaptée au palais de votre bébé.
- De nombreuses tétines anti-coliques sont commercialisées. Elles possèdent une valve empêchant votre bébé d'avaler trop d'air et ainsi faciliter sa digestion.
- Pensez à vérifier régulièrement l'état de la tétine. Pour celle en silicone, si elle a de petites déchirures ou pour celle en caoutchouc, si elle devient trop collante, il est recommandé de la jeter et d'en utiliser une nouvelle. De façon générale, remplacez les tétines tous les 2 ou 3 mois, selon les recommandations du fabricant.
- **La quantité :** la première semaine, votre bébé boit 6 à 8 biberons par 24 heures en moyenne, avec un espace de 3 à 4 heures entre chaque biberon. En comparaison avec le lait maternel, le lait artificiel met plus de temps à être digéré par votre bébé. Pour la suite, suivez la **règle d'Appert**, valable jusqu'au 5e mois de l'enfant.

La règle d'Appert

$$\text{Quantité journalière de lait en ml} = \frac{\text{Poids en g}}{10} + 250 \text{ ml}$$

Exemple pour un enfant de 3,7 kg :

3 700 / 10 + 250 ml = 620 ml par jour
ce qui équivaut à :
6 biberons de 103 ml environ
ou 8 biberons de 77 ml environ
ou 7 biberons de 88 ml environ

Ceci n'est pas à suivre au pied de la lettre mais ça peut être un bon repère.

Fiche pratique

LA PRÉPARATION DU BIBERON

—

X Lavez-vous les mains avant de le préparer et utilisez un plan de travail propre.

X Choisissez une eau adaptée :

- soit une eau minérale faiblement minéralisée (idéale pour les 6 premiers mois) et évidemment non gazeuse. La mention « convient à l'alimentation des nourrissons » est affichée sur l'étiquette. Toute bouteille entamée doit être réfrigérée et consommée dans les 24 h qui suivent son ouverture.
- soit l'eau du robinet mais avec certaines précautions à respecter (idéalement après les 6 mois de votre bébé). Renseignez-vous auprès de la mairie de votre commune pour savoir si elle est adaptée. Elle ne doit pas excéder 25 °C. Laissez-la couler pendant quelques secondes avant. Il n'est pas recommandé d'utiliser de l'eau ayant subi une filtration ou un adoucissement (carafe filtrante) car sa charge microbienne peut être plus importante et la quantité des minéraux inadaptée.

X L'eau doit être à température ambiante (21 °C) car les biberons se prennent à température ambiante ; il est possible de les chauffer mais attention aux risques de brûlures.

X 1 mesure de lait pour 30 ml d'eau : versez d'abord l'eau, les mesures de lait ensuite (cuillères rases). Faites rouler le biberon entre les mains (sinon la poudre peut s'agglutiner dans la tétine), vérifier ensuite qu'il n'y ait pas de grumeaux ni de résidus de poudre.

Exemple : pour un biberon de 90 ml de lait : verser 90 ml d'eau puis 3 mesures de lait.

X Il faut compter trente minutes en moyenne pour le donner. Ne forcez jamais votre bébé à boire son biberon.

X Une fois le biberon donné, il est important de le laver rapidement

- à la main : nettoyez soigneusement chacune des pièces le composant (avec un goupillon), rincez-le abondamment et laissez-le sécher à l'air libre (éviter les torchons, sources de microbes).
- au lave-vaisselle, rincez-le au préalable, effectuez un cycle complet, avec une température de lavage d'au moins 65 °C, avec un séchage parfait.

X La stérilisation n'est pas nécessaire. Conservez les biberons propres dans un endroit sec.

X Préparez votre biberon juste avant de le donner à votre bébé ; un biberon préparé doit être jeté au bout d'une heure. En cas de sortie, prévoyez l'eau et la poudre de lait à part et reconstituez le biberon au dernier moment. Il existe des boites doseuses de lait bien pratiques pour vos escapades.

La position

Donner le biberon est un moment de tendresse. Pensez à vous installer confortablement avec votre bébé : dos calé, bras soutenu par un coussin, au calme, avec une lumière pas trop forte. Il est important de vous rappeler que votre bébé ressent votre état de décontraction et de tension. C'est pourquoi il est nécessaire que vous soyez installée le plus confortablement possible avec un appui sous le coude et le dos bien appuyé également.

Nous vous recommandons d'installer votre bébé de sorte à pouvoir vous regarder, c'est ce qu'on appelle le contact en « œil à œil », sa tête positionnée dans le creux de votre coude. Rappelez-vous que votre bébé a besoin de se sentir contenu, enveloppé. Ainsi, pensez à positionner ses deux petites mains l'une contre l'autre, comme c'était le cas dans votre ventre. Ce qui implique d'être vigilant et de ne pas « coincer » un de ses bras derrière votre dos lorsque vous lui donnez le biberon.

Pensez à incliner suffisamment le biberon pour que l'extrémité de la tétine soit remplie de lait et éviter que le bébé n'aspire trop d'air.

ATTENTION
Soyez vigilant au positionnement des bras de votre bébé. Il est important de respecter sa physiologie et que les deux mains soient regroupées pour avoir une bonne conscience corporelle.

Les pauses au cours de la tétée sont possibles, mais rassurez-vous : le bébé est capable de respirer tout en tétant.

Nous vous recommandons d'alterner entre le bras droit et le bras gauche au fil des biberons. En effet, comme l'adulte a une dominance latérale, il a tendance à toujours porter le bébé du même côté, ce qui peut créer une négligence d'un bras. Alterner les côtés permettra à votre bébé de prendre conscience de son corps dans sa globalité.

Le rot

Le rot permet l'évacuation du trop-plein d'air pris pendant la tétée. Généralement, on l'attend en fin de tétée et jusqu'à 20 minutes après, mais il est possible que le bébé rote au milieu du biberon.

Si votre bébé ne veut plus prendre le biberon, c'est peut-être parce qu'il est gêné par un rot ; il manifeste cet inconfort par des gesticulations, des grimaces douloureuses, des grognements, c'est le signe qu'il faut faire une pause et qu'un rot l'incommode peut-être.

Les positions à adopter :

- **La plus fréquente :** installez bien droit votre nourrisson contre vous, la tête sur l'épaule et tapotez son dos légèrement. Petit conseil : prévoyez une serviette ou un lange à poser sur votre épaule en cas de régurgitations…
- **Si ça ne fonctionne pas :** si, après quelques minutes, rien ne sort, vous pouvez essayer une autre position. Asseyez votre bébé sur votre cuisse, tout en maintenant sa tête.
- **Dernière technique** : allongez votre bébé sur le ventre, avec une main sous sa tête pour la maintenir légèrement vers le haut. Vous pouvez l'installer sur sa table à langer, sur vos jambes ou sur le canapé, puis frottez légèrement son dos. Cette position comporte un risque de régurgitation.

LE SAVIEZ VOUS ?

Le rot est quasi systématique lors de l'allaitement au biberon et plus rare en cas d'allaitement au sein, mais il peut être parfois nécessaire. En effet votre bébé avale beaucoup moins d'air en tétant votre sein par rapport à une tétine. Si vous le sentez gêné, pensez-y.

Si le rot ne vient toujours pas, ne paniquez pas : votre bébé n'en a peut-être tout simplement pas besoin ! En grandissant, au fur et à mesure que son alimentation se diversifiera, il ressentira de moins en moins ce besoin d'éructer, jusqu'à ce qu'il disparaisse complètement.

4.4. LES PETITS PROBLÈMES LES PLUS COURANTS

Les régurgitations / reflux gastro-œsophagiens

Appelées aussi reflux gastro-œsophagien (RGO) simple, les régurgitations sont très fréquentes et sans danger. C'est un phénomène normal et transitoire, qui cessera totalement lors de l'acquisition de la position assise. Elles sont liées à une immaturité du système digestif.

Le reflux est constitué d'un mélange de lait et de salive qui remonte de l'estomac vers l'œsophage et qui survient généralement après les tétées. En aucun cas elles n'influent sur la croissance de votre bébé.

Quelques conseils pour les éviter :

- Effectuez plusieurs pauses pendant les biberons.
- N'allongez pas trop vite votre bébé après son repas, préférez une position plutôt inclinée ou portez-le en porte-bébé.
- Ne serrez pas trop sa couche.

On parle de RGO pathologique, lorsque les régurgitations sont telles qu'elles provoquent des symptômes gênants affectant la qualité de vie de votre bébé. Il faut aller consulter son pédiatre pour mettre en place un traitement.

Quels sont les signes qui doivent vous alerter ?

- Des régurgitations très abondantes,
- le bébé pleure, se tortille pendant la prise du biberon,
- un refus de s'alimenter (le bébé ne grossit plus, voire perd du poids),
- des troubles du sommeil, une agitation,
- une toux régulière,
- un inconfort en position allongée.

Les coliques du nourrisson

Si votre bébé pleure de façon récurrente, est agité en fin de journée ou après un repas, il a peut-être des coliques. La colique désigne une affection de l'intestin qui provoque des contractions douloureuses pour le bébé. Ce n'est donc pas une diarrhée. Les coliques sont assez fréquentes chez les jeunes bébés. La cause n'est pas évidente ; ces coliques seraient dues à un déséquilibre de la flore intestinale. Elles apparaissent généralement 2-3 semaines après la naissance et peuvent durer jusqu'à 5 mois. Pendant ces crises, votre bébé devient rouge, ses poings sont serrés, il se tortille, se raidit, son ventre est dur et il a souvent des gaz.

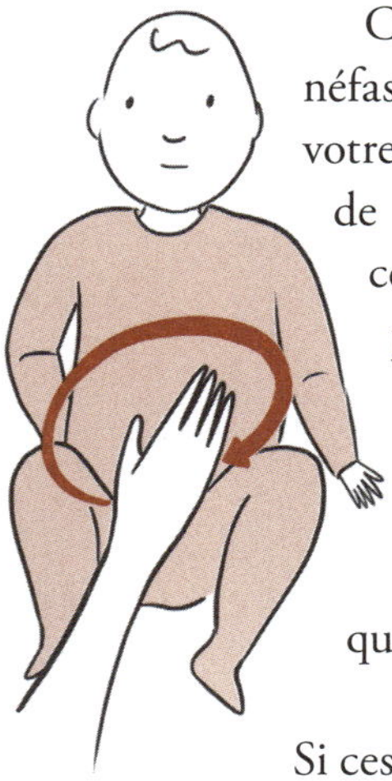

Ces pleurs peuvent être déroutants, mais ils n'ont aucune conséquence néfaste et ne nuisent pas au développement de votre bébé. D'ailleurs votre bébé continue à s'alimenter normalement. Afin de le soulager et de le rassurer, trouvez un endroit calme, sans trop de lumière, bercez-le, portez-le en porte-bébé/écharpe, faites du peau-à-peau : votre patience sera votre principal alliée. Vous pouvez remonter légèrement ses genoux vers sa poitrine pour mimer la position fœtale. Les massages du ventre peuvent aussi les calmer : ce sont des massages circulaires dans le sens des aiguilles d'une montre. Vous pouvez également essayer d'espacer un peu les biberons ou les tétées pour que son intestin ait des phases de repos.

Si ces pleurs vous inquiètent, ne les minimisez pas et parlez-en avec votre pédiatre ou votre médecin.

La constipation

Les crises de constipation sont assez fréquentes chez les nourrissons. On parle de constipation lorsque les selles de votre bébé sont moins fréquentes (2 fois par semaine), qu'elles sont dures et sèches, ou qu'il a mal au ventre.

La constipation peut causer des douleurs abdominales et il faut avoir en tête qu'un bébé fait au minimum 3 selles par semaine.

Quelques conseils

- Faites-le boire plus souvent.
- Massez son ventre dans le sens des aiguilles d'une montre.
- Faites bouger ses jambes (mouvement de vélo).
- Demandez conseil à votre pédiatre. Une consultation avec un ostéopathe peut être bénéfique.

5
L'éveil de bébé

L'éveil de l'enfant est une préoccupation qui revient souvent. Les jeunes parents nous demandent souvent ce qu'ils peuvent faire pour éveiller leur bébé et ce depuis le plus jeune âge.

5.1. QU'EST-CE QUE LA SENSORIALITÉ ?

Nous naissons tous avec un système sensoriel qui comprend sept sens :

- le goût,
- l'odorat,
- l'ouïe,
- la vue,
- le toucher,
- la proprioception (capacité, consciente ou inconsciente, à percevoir la position de son corps, de ses membres dans l'espace)
- le système vestibulaire (le centre de l'équilibre qui se situe dans l'oreille).

Ce système sensoriel capte les informations de l'environnement grâce à des récepteurs sensoriels, informations que notre cerveau va ensuite intégrer et interpréter. Selon les conditions de la naissance et les particularités de chacun, certains enfants vont ressentir très fort les odeurs, d'autres capter l'information visuelle plus rapidement que l'information auditive. La sensorialité est différente pour chacun !

5.2. EN QUOI L'ÉVEIL DES SENS EST IMPORTANT ?

L'éveil des sens est essentiel dans le développement de l'enfant car c'est grâce à eux que nous communiquons avec le monde extérieur… mais aussi avec nos sensations intérieures. Nos sens nous permettent de recevoir l'information, qu'elle provienne de l'extérieur (« il fait froid ») ou de l'intérieur (« j'ai les doigts de pieds gelés »).

Nos sens nous communiquent donc des informations qui nous permettent de nous mettre en action, en mouvement. Par exemple, c'est parce que l'enfant entend un bruit qu'il va bouger sa tête vers la source sonore. C'est pourquoi l'éveil sensoriel doit être réalisé en douceur : les capacités d'attention et de vigilance seront accrues si l'intégration sensorielle s'effectue de manière adaptée et bien dosée. Si, au contraire, cet éveil se réalise trop rapidement (trop de stimuli, des réponses inadaptées aux besoins du bébé), la capacité de l'enfant à intégrer l'information sera moins efficace, se manifestant plus tard par une hypervigilance, un besoin permanent d'être en mouvement. En somme, la sensorialité est le point de départ de l'initiation du mouvement. C'est pour cela qu'on parle de sensorimotricité.

5.3. COMMENT ÉVEILLER LES SENS DE SON BÉBÉ ?

Il est avant tout important de veiller à l'environnement de l'enfant

Votre enfant a vécu 6 à 9 mois in utero, dans une posture enroulée, regroupé sur lui-même, bercé dans votre ventre par vos mouvements et écoutant votre cœur battre. Le bébé a donc besoin de pouvoir retrouver ces sensations de bercements et de bruits rassurants durant ses premiers mois hors du ventre. Par ailleurs, il a vécu durant ces longs mois dans l'obscurité, à téter, goûter et toucher le cordon ombilical. Permettez-lui alors de retrouver des sensations toujours semblables, rassurantes et contenantes.

Limitez les stimulations

À la naissance et durant quelques mois, votre bébé a besoin de retrouver ces sensations familières et rassurantes. Il est donc important de limiter la quantité de stimulations proposées. Privilégiez les couleurs pastel et le blanc dans la chambre, et ne diversifiez pas trop les activités ni les lieux occupés dans la journée. Essayez autant que possible d'instaurer un rituel afin que le bébé s'approprie le moment et l'espace de chaque activité : par exemple, donnez le biberon ou allaitez toujours au même endroit pendant les premiers temps ; si vous l'installez quelques minutes sur le tapis d'éveil, veillez à placer le tapis toujours au même endroit (idéalement à distance d'une fenêtre afin que le bébé ne soit pas attiré par la lumière).

Un trop-plein de sollicitations visuelles ou auditives peut saturer et fatiguer l'enfant et peut provoquer, le soir, des pleurs fréquents et intenses.

Soyez à l'écoute de ses besoins

Prenez également le temps de répondre de manière adaptée aux besoins de l'enfant, par exemple, quand il manifeste une sensation de faim ou de gêne si sa couche est sale. Être à l'écoute de ses besoins permet à votre bébé de limiter son stress et de se concentrer sur ce qu'il ressent plutôt que sur ce qui le perturbe.

Stimulez un sens à la fois

Il n'est pas toujours évident de savoir quelle stimulation proposer à votre enfant, si l'on en fait trop ou pas assez. Le cerveau de l'enfant est très immature, c'est pourquoi il est important de ne pas stimuler tous les sens de l'enfant en même temps. Prenez soin notamment de stimuler l'audition de votre bébé loin d'une stimulation visuelle. En pratique, favorisez des hochets soit colorés soit bruyants, mais pas les deux en même temps.

Les sens de votre enfant vont s'éveiller à travers vous. Parlez à votre bébé, de ce que vous percevez, de ce qui lui est agréable, inconfortable, doux… et de ce que vous vivez ensemble, pendant les balades par exemple : « Tu sens le froid sur tes joues ? Ça picote, tu ne trouves pas ? »

Encouragez le portage et la posture en enroulé

Il est souvent recommandé aux familles de bien tenir la tête de leur bébé pendant le portage. Néanmoins on oublie souvent d'expliquer aux familles *comment* le faire. Le portage doit être effectué à la base du crâne (occiput) et au niveau du coccyx (voir page 137) pour assurer la sensation d'un axe corporel. Cette position physiologique garantit un éveil sensoriel en douceur. Veillez à ces postures quand votre bébé est dans vos bras et limitez tant que possible la prise sous les aisselles, posture inconfortable et parfois insécurisante car les aisselles ne sont pas des points d'appui dans le corps !

Jusqu'à deux mois et demi, et encore après si vous le souhaitez, privilégiez le contact physique avec votre bébé, que ce soit à la maison ou en extérieur ; cela lui permet d'éviter de mettre sa tête en contact avec une surface plane et dure qui peut causer une plagiocéphalie (arrière du crâne aplati). D'autre part, le portage lui rappellera les bercements in utero, votre odeur et votre chaleur le rassureront. Ce sont des sensations qu'il connaît ! En portage physiologique « enroulé », votre bébé ressentira son corps, il aura ses petites mains à portée de bouche, ce qui lui assurera la contenance dont il a besoin.

LA PLAGIOCÉPHALIE

La plagiocéphalie est l'aplatissement du crâne lié à un manque de mobilité de la tête. La répétition de la position allongée, avec un contact dur, provoque cet aplatissement. Le portage et des positions au sol qui n'entravent pas le mouvement limitent au contraire cet aplatissement.

À partir de 2 mois, vous pourrez installer votre bébé au sol pas plus de 15-20 minutes par session et lui proposer un espace sensoriel adapté à son développement. Pour cela, installez le bébé allongé au sol et placez de chaque côté un livre sensoriel à 20-30 cm de son visage. Privilégiez des livres en noir et blanc car il perçoit mieux les contrastes !

Évitez les stations trop longues dans le transat ou les maxi-cosy qui empêchent les mouvements de la tête et favorisent son aplatissement. Tentez de limiter à 10-15 minutes maximum par session (2 à 3 sessions tout au plus par jour) l'utilisation du transat ou du « cocoonababy ».

CHAPITRE 6

Les partenaires parentalité

1
Vos droits

1.1. PENDANT LA GROSSESSE

On ne pense pas toujours aux aspects légaux de la parentalité, pourtant la femme enceinte bénéficie d'un statut particulier qui vous protège vous et votre bébé.

- **L'annonce de la grossesse à votre employeur.** Si vous êtes salariée, vous n'êtes pas tenue de révéler votre état de grossesse, ni au moment de votre embauche (même pour un CDD), ni pendant l'exécution de votre contrat de travail. La loi prévoit uniquement l'obligation d'informer l'employeur avant de partir en congé de maternité. Cependant, tant que vous ne l'avez pas informé de votre grossesse ni ne l'avez justifiée par un certificat médical, vous ne pouvez pas bénéficier des droits légaux (et conventionnels, s'il en existe). Vous pouvez prévenir votre employeur de votre grossesse au moment où vous le souhaitez, par écrit ou verbalement.
  Par ailleurs, pour une question de confiance, nous vous encourageons à prévenir votre employeur au 3e mois de grossesse. La transparence permettra d'organiser au mieux votre départ en congé de maternité avec votre employeur.
- **La protection contre le licenciement.** Pendant la grossesse, le congé de maternité et les 4 semaines qui suivent, il est **interdit** de licencier une maman (sauf pour faute grave non liée à l'état de grossesse ou si l'employeur est dans l'impossibilité de maintenir le contrat de travail pour des raisons économiques). Dans le cas où une salariée serait licenciée alors qu'elle n'avait pas informé son employeur de sa grossesse, le licenciement serait annulé si la femme enceinte faisait parvenir, dans un délai de 15 jours, un certificat médical justifiant de son état.
- **Autorisation d'absence pour des examens médicaux.** Pendant votre grossesse, vous bénéficiez d'une autorisation d'absence pour vous rendre aux examens médicaux **obligatoires** prévus par l'Assurance Maladie (7 visites prénatales et 1 visite postnatale). Les échographies et les cours de préparation à l'accouchement

n'en font pas partie. Les règles sont les mêmes si vous avez recours à l'Assistance Médicale à la Procréation (AMP) : vous bénéficiez d'une autorisation d'absence pour les actes médicaux nécessaires au protocole. Vous êtes tenues de présenter un justificatif si votre employeur le demande. Ces absences sont considérées comme du temps de travail effectif et **ne doivent pas entraîner une baisse de la rémunération.**

- **La réduction du temps de travail quotidien** pour les salariées enceintes n'est pas une obligation légale. La convention collective applicable dans l'entreprise (ou l'usage dans l'entreprise) peut éventuellement vous accorder le bénéfice d'une réduction de l'horaire journalier. Cette réduction peut être d'une durée variable et s'appliquer pendant toute la grossesse ou en partie. La diminution de l'horaire de travail journalier peut également être adoptée, d'un commun accord, à votre initiative ou à celle de l'employeur.
- **Situation de travail à risques** : Certains métiers sont incompatibles avec la grossesse (exposition à certaines substances chimiques, travail de nuit), vous êtes alors en droit de demander un changement de poste. Si vous trouvez votre travail pénible, n'hésitez pas à en parler à votre médecin du travail. Il jugera de la compatibilité de votre poste avec une grossesse.

1.2. LA REPRISE DU TRAVAIL

Une fois votre congé de maternité (ou parental) terminé, vous reprenez votre emploi précédent ou un emploi similaire avec une rémunération au moins équivalente.

Au plus tard dans les huit jours qui suivent votre reprise du travail, vous devez passer **une visite médicale de reprise du travail**. Cette visite est obligatoire et à l'initiative de votre employeur. Elle se déroule pendant vos heures de travail et votre absence est rémunérée dans les conditions habituelles. Si la visite de reprise du travail ne peut pas avoir lieu pendant les heures de travail (par exemple en cas de travail de nuit), le temps nécessaire aux examens médicaux est alors rémunéré comme du temps de travail effectif. N'hésitez pas à demander cette visite si celle-ci ne vous est pas proposée.

La reprise du travail est citée comme l'un des principaux obstacles à la poursuite de l'allaitement et de trop nombreuses mères baissent les bras avant même d'avoir essayé. Il est pourtant tout à fait possible de concilier allaitement et activité professionnelle : même le Code du travail le prévoit !

- En tant que salariée, vous pouvez tirer votre lait ou allaiter votre enfant durant les heures de travail (deux fois 30 minutes par jour), pendant 1 an à partir de sa naissance.
- Cette période d'allaitement est réduite à 20 minutes si votre employeur met à votre disposition un local dédié à l'allaitement au sein de l'entreprise. Tout local dédié à l'allaitement doit respecter des normes strictes en matière de santé et sécurité au travail.

En cas de fausse-couche ou d'accouchement d'enfant **né sans vie** :

- Si la naissance ou la fausse couche survient avant 22 semaines d'aménorrhées (SA), le médecin établit un arrêt de travail indemnisé par la caisse d'assurance maladie. Le père, quant à lui, peut bénéficier d'une autorisation exceptionnelle d'absence pour événement familial. Le nombre de jours accordés dépend de l'employeur ou des conventions collectives. La déclaration de votre enfant à l'état civil est possible si le terme de l'accouchement dépasse 15 SA.
- Si la naissance ou la fausse couche survient après 22 SA, le congé maternité est accordé dans sa totalité : le nombre de semaines attribuées se calcule en fonction du rang de votre enfant (nous détaillons dans le chapitre suivant les différentes durées du congé maternité). Cette grossesse sera prise en compte par la sécurité sociale pour le calcul des congés maternité ultérieurs. Le congé paternité est lui aussi à prendre dans sa totalité. La déclaration à l'état civil est obligatoire. Les enfants nés sans vie peuvent être pris en compte dans la détermination du nombre de parts pour la déclaration d'impôts de l'année de la naissance. La prime de naissance vous est versée.

2
Parentalité et travail

2.1. LE CONGÉ DE MATERNITÉ

En France, le congé de maternité est un droit qui permet à **toutes les femmes** de s'arrêter de travailler et mettre leur enfant au monde dans de bonnes conditions.

La durée

Elle est variable selon le nombre d'enfants que vous attendez et dont vous avez déjà la charge.

La durée minimale du congé de maternité est de 16 semaines : 6 semaines avant la date présumée de l'accouchement (congé prénatal) et 10 semaines après la naissance de votre bébé (congé postnatal).

Pour le 3e enfant, votre congé de maternité passe à 26 semaines : 8 semaines avant l'accouchement et 18 semaines après.

En cas de naissances multiples, les congés de maternité sont allongés :

- pour les jumeaux, le congé de maternité dure 34 semaines : 12 semaines avant l'accouchement et 22 semaines après,
- pour des triplés, il passe à 46 semaines : 24 semaines avant l'accouchement et 22 semaines après.

Si vous êtes salariée, consultez votre convention collective qui peut prévoir des dispositions plus favorables.

Il est possible d'avancer la date de votre congé prénatal de 2 semaines maximum, le congé postnatal étant réduit d'autant.

Vous pouvez aussi reculer le début de votre congé prénatal et reporter ces semaines (3 au maximum) sur votre congé postnatal. Il vous faut alors l'accord du médecin qui suit votre grossesse. La demande doit être effectuée auprès de votre caisse d'Assurance maladie (CPAM) au plus tard 1 jour avant la date initialement prévue de votre congé.

En cas de naissance prématurée (avant la date prévue), les congés prénataux non pris sont automatiquement reportés après la naissance. Sachez aussi que lorsque vous accouchez plus de 6 semaines avant la date prévue, vous pouvez bénéficier d'une indemnisation supplémentaire si votre enfant est hospitalisé dans un service de néonatalogie ou de réanimation néonatale.

Si votre enfant reste à l'hôpital au-delà de sa 6e semaine, vous avez la possibilité de reprendre le travail et de garder les semaines de congé de maternité non prises pour les prendre à son retour à la maison.

Dans le cas contraire, si la naissance est tardive (après la date prévue), le congé prénatal est prolongé d'autant, sans que cela n'entame le crédit du congé postnatal.

Le congé pathologique

En cas de grossesse difficile, votre médecin peut vous prescrire un congé supplémentaire (dans la limite de 2 semaines) au cours de la période prénatale.

En cas d'état pathologique consécutif à la grossesse ou à l'accouchement (dépression du post-partum, complications liées à une césarienne, etc.) votre médecin peut vous prescrire un congé pathologique postnatal qui repoussera la date de votre retour au travail. Il dure au maximum 28 jours consécutifs, obligatoirement pris dans le prolongement du congé de maternité.

Les indemnités

Pendant le congé de maternité, votre contrat de travail est suspendu. En tant que salariée, vous pouvez, sous certaines conditions, percevoir une rémunération sous forme d'indemnités journalières. Ces indemnités sont calculées sur vos salaires des 3 mois (ou des 12 mois en cas d'activité saisonnière ou discontinue) qui précèdent l'interruption de travail du fait de la grossesse. Elles vous seront versées par la caisse primaire d'Assurance Maladie, tous les 14 jours.

C'est votre employeur qui se charge de faire parvenir à l'Assurance Maladie une attestation de salaire au début de votre congé prénatal.

Pour le congé pathologique prénatal, les 14 jours seront indemnisés de la même manière que votre congé de maternité.

Pour le congé pathologique postnatal, ces 28 jours sont considérés comme un congé pour maladie.

Pour les professions libérales

Depuis le 1er janvier 2019, les travailleuses indépendantes, comme les salariées, bénéficient d'un congé de maternité de 16 semaines d'une durée **minimale** de 8 semaines. Vous pouvez percevoir, sous certaines conditions :

- **Une allocation forfaitaire de repos maternel** : Elle est versée pour moitié au début du congé et pour moitié au terme de la durée minimale d'arrêt de 8 semaines. La totalité du montant de l'allocation est versée après l'accouchement lorsque celui-ci a lieu avant la fin du 7e mois de la grossesse. (Son montant est égal à la valeur mensuelle du plafond de la sécurité sociale en vigueur à la date du premier versement, soit 3 428,00 euros au 1er janvier 2021).
- **Des indemnités journalières forfaitaires** : Elles sont versées pour chaque jour de cessation d'activité professionnelle, à condition de cesser l'activité pendant un minimum de 8 semaines dont 6 après l'accouchement, dans la limite des durées légales de congé. Leur montant est calculé en fonction de vos revenus cotisés transmis par vos URSSAF. Il peut être intéressant de prendre une assurance prévoyance pour compléter les indemnités journalières de la Sécurité sociale ou en cas de grossesse pathologique.

2.2. LE CONGÉ DE PATERNITÉ ET D'ACCUEIL DE L'ENFANT

Depuis le 1er juillet 2021 le congé de paternité et d'accueil de l'enfant est passé de 11 à 25 jours, il comporte :

- Une partie **obligatoire** de 4 jours calendaires consécutifs faisant immédiatement suite au congé de naissance de 3 jours ouvrables à prendre directement après la naissance (l'employeur n'a pas le droit de demander au salarié de venir travailler ce jour-là.) Donc au total 7 jours obligatoires.

- Une partie **facultative** de 21 jours calendaires (28 jours calendaires en cas de naissance multiple), qui pourra être prise dans la continuité ou plus tard avec possibilité de fractionnement (en 2 périodes d'une durée minimale de 5 jours chacune).

Ce congé est à prendre dans les 6 mois à compter de la naissance. En cas d'hospitalisation de l'enfant, il doit être pris dans les 6 mois qui suivent la fin de l'hospitalisation.

Le congé de paternité et d'accueil de l'enfant bénéficie au père salarié ainsi que, le cas échéant, au conjoint ou au concubin salarié de la mère ou à la personne salariée liée à elle par un pacte civil de solidarité (PACS).

Le salarié a le devoir d'avertir son employeur **au moins 1 mois** avant la date de début du congé.

Le congé de paternité est indemnisé par la Sécurité sociale dans les mêmes conditions que le congé de maternité. Les indemnités journalières sont versées à la condition que le salarié cesse toute activité professionnelle durant la durée du congé. Des dispositions collectives peuvent prévoir des conditions d'indemnisation plus favorables que celles de la Sécurité sociale, pouvant aller jusqu'au maintien intégral du salaire.

Ce congé, bien qu'encore trop court, permet au papa ou au coparent d'avoir une place auprès du nouveau-né, ce qui enrichit les premiers liens. En outre, cela permet de soutenir la maman, de limiter sa charge mentale. Alors, autorisez-vous à prendre ce temps, c'est important pour l'équilibre de votre famille !

2.3. LE CONGÉ PARENTAL

À l'occasion de la naissance, vous pouvez vous arrêter de travailler ou diminuer votre temps de travail pour vous occuper de votre enfant. Dans ce cas, vous bénéficiez d'un congé parental d'éducation, il est ouvert à tout salarié (père ou mère) ayant **au moins 1 an d'ancienneté** dans l'entreprise. Sa durée et sa date de fin varient en fonction du nombre d'enfants nés (naissance d'un enfant ou naissances multiples).

La durée initiale du congé parental est de **1 an maximum** et peut être renouvelé deux fois jusqu'au 3ème anniversaire de l'enfant. Il peut être partagé entre les parents.

- Le salarié doit informer son employeur par lettre recommandée avec accusé de réception. La lettre doit indiquer la date de début du congé parental et sa durée.
- Si le congé parental débute immédiatement après le congé de maternité ou d'adoption, le salarié doit informer l'employeur au moins **1 mois avant le terme de ce congé**.

Dans tout autre cas, l'employeur doit être informé **2 mois au moins avant le début du congé**.

- Si le salarié souhaite bénéficier de ce congé, l'employeur ne peut le lui refuser. De même, lorsque le salarié souhaite prolonger son congé ou le modifier en activité à temps partiel, il en avertit l'employeur au moins **1 mois avant le terme** initialement prévu. L'employeur ne peut pas s'opposer à la demande du salarié.
- Pendant la durée du congé parental, le contrat est suspendu.
- Pour calculer l'ancienneté du salarié, la durée du congé est prise en compte pour moitié.
- Le salarié conserve le bénéfice de tous ses avantages acquis.
- Il n'est pas possible d'exercer un autre emploi pendant le congé parental, à l'exception de l'activité d'assistante maternelle.

Pendant le congé, le salarié n'est pas rémunéré par son employeur pour la période non travaillée (sauf conventions collectives). En revanche, il peut percevoir l'allocation de base de la prestation d'accueil du jeune enfant (PAJE) de la part de la CAF. En complément de cette allocation, le salarié peut percevoir la prestation partagée d'éducation de l'enfant (PreParE).

2.4. LA REPRISE DU TRAVAIL ET SES ENJEUX

Trouver un équilibre vie pro/vie perso

Un sondage d'Éveil & Conseil mené il y a 2 ans sur la parentalité en entreprise sur un panel de 450 volontaires a révélé que :

- **84 %** des parents salariés avaient besoin de **se sentir compris et considérés** en tant que parent,
- **68 %** des parents salariés expriment le besoin d'être accompagnés sur l'**équilibre vie professionnelle-vie personnelle**,
- **82 %** des parents salariés ont **besoin d'être accompagnés dans leur parentalité**,
- **67 %** des salariés ressentent le besoin d'engager l'entreprise à les aider à **dégager du temps personnel** en restant efficaces au travail (il existe des formations et des solutions pour assurer l'équilibre vie pro/vie perso).

La crise sanitaire n'a fait qu'accentuer ce besoin d'être soutenu pour les parents. Nous savons plus que jamais que la **qualité de vie** au travail est un réel enjeu et que la prise en considération de **la vie familiale** des salariés est aujourd'hui devenue **essentielle**.

Lors des formations d'Éveil & Conseil en entreprise, nous rappelons toujours que l'accueil après un retour de congé de maternité, d'adoption ou parental doit être de qualité. Cette reprise, qui marque la jonction entre l'avant et l'après, doit être accompagnée d'un entretien professionnel qui, bien qu'obligatoire, n'est pas toujours réalisé.

En devenant parents pour la première, deuxième ou énième fois, vos priorités ont changé. Elles ne font pas passer les enfants en premier pour toujours, mais au moins temporairement. Vous n'êtes plus exactement la même personne qu'avant, votre statut a changé. Il est donc important pour vous de prendre du temps pour discuter avec vos supérieurs hiérarchiques, en toute transparence, de vos attentes et de vos limites à votre retour de congé de maternité. Réfléchir à tout cela en amont et avec votre conjoint vous permettra une reprise plus de sereine.

Modifier les codes et les systèmes de pensée patriarcaux reste encore un grand défi et Éveil & Conseil accompagne les entreprises en ce sens. Il s'agit d'œuvrer pour plus de sérénité en entreprise, en couple et en famille. C'est une idée que nous défendons, car nous sommes convaincues que la parentalité se doit d'être pensée collectivement, et notamment par la sphère politique, si nous souhaitons obtenir des changements profonds et durables.

Trouver un mode d'accueil

Trouver un mode d'accueil vous aidera à aborder la reprise du travail avec sérénité. Il est important que ce mode d'accueil vous inspire confiance.

Il n'y en a pas un meilleur qu'un autre.

Comment choisir le mode d'accueil pour son enfant ?

Crèche municipale, crèche privée, micro-crèche, garde partagée, assistante maternelle, nounou à domicile, ressources familiales… le choix ne manque pas !

Les critères à prendre en compte sont également nombreux : le coût, les horaires, le lieu, le programme éducatif, la sécurité…

Cela paraît peut-être évident, mais on le dit quand même : choisissez un mode d'accueil qui vous convient et avec lequel vous êtes parfaitement à l'aise en tant que parents. Il est important que vous ayez confiance en cet accueil, d'une part pour vous rassurer, et d'autre part pour que votre enfant se sente en sécurité.

Certains parents sont plus rassurés à l'idée que leur bébé soit gardé avec un petit nombre d'enfants. D'autres préféreront savoir que plusieurs adultes sont ensemble pour assurer cette garde.

Aujourd'hui les modes d'accueil sont souvent choisis par défaut par les parents. Par exemple, le choix d'une assistante familiale faute de place en crèche … Dans ce cas là, rappelez-vous les raisons qui vous poussent vers ce mode d'accueil plutôt que de vous concentrer sur la frustration que cela peut générer chez vous. Malgré cette frustration, il peut être nécessaire de vous mettre en lien avec les professionnels en charge de votre enfant afin de vous sécuriser.

3
Vos aides

3.1. L'ENTOURAGE

Allez, on le répète pour la dernière fois, c'est promis ! Tout au long de cette aventure, comptez sur le soutien de votre conjoint, de votre famille proche, de vos personnes-ressources et des soignants (sage-femme, auxiliaire de puériculture, médecin généraliste, pédiatre, consultante en lactation IBLC, gynécologue) … choisissez-les bien ! Croyez-nous, bien s'entourer de professionnels et avoir confiance en eux fera toute la différence.

Certains professionnels peuvent être très precieux pour les familles : les techniciens d'intervention sociale et familiale (TISF). Ils ont pour objectif d'accompagner et d'aider les familles dans leur environnement quotidien. Les TISF peuvent venir à domicile afin de soutenir les jeunes parents en fonction de leur besoin. Il peut s'agir par exemple de prendre en charge le bébé le temps de reposer la maman, d'une aide pour les repas, de tâches ménagères en lien avec le bébé, d'accompagnement à l'extérieur (parc ou visite médicale par exemple)… Leurs missions sont très diverses et s'ajustent au besoin singulier de la famille. C'est une aide précieuse dans ce moment de déséquilibre familial qui est encore bien trop méconnue.

Lors de l'accueil de jumeaux ou dans les situation de prématurité, une aide financière est d'autant plus importante pour le recours à ces professionnels.

Vous retrouverez facilement les coordonnées de TISF dans votre département. Alors n'hésitez pas à faire appel à eux. Avant les 5 mois de l'enfant, une grande partie est prise en charge par la CPAM et la CAF. Le tarif est indexé sur les salaires du foyer.

Dans notre société où les familles sont éclatées, les TISF peuvent contribuer à constituer ce village autour de la famille en constitution.

3.2. LES AIDES FINANCIÈRES

Avant la fin du 3e mois de grossesse (16 semaines d'aménorrhées), vous devez faire votre déclaration de grossesse. Ce document délivré par votre médecin ou votre sage-femme permet d'informer de votre grossesse votre caisse primaire d'Assurance maladie et votre caisse d'Allocations familiales, pour ainsi mettre à jour votre situation auprès des organismes sociaux.

Elle ouvre les droits à la prise en charge de la grossesse, ainsi qu'au versement des futures prestations familiales.

La déclaration de grossesse permet une prise en charge à 100 % depuis le premier jour du 6e mois et jusqu'à douze jours après l'accouchement. Cette prise en charge comprend :

- le remboursement de tous les examens médicaux (y compris pour le futur papa),
- la prise en charge des frais d'hospitalisation pour l'accouchement,
- 8 séances de préparation à l'accouchement dont l'entretien prénatal,
- un congé de maternité de 16 semaines pour les futures mères salariées.

La prestation d'accueil du jeune enfant (PAJE) est une allocation destinée à aider une famille à financer les dépenses liées à l'entretien et à l'éducation d'un nouveau-né durant les premières années qui suivent sa naissance. Elle est versée quelles que soient votre situation familiale et votre nationalité, si vos ressources ne dépassent pas un certain plafond.

Les aides qui composent la PAJE sont les suivantes :

- la prime à la naissance, pour faire face aux premières dépenses, versée en une seule fois,
- l'allocation de base, qui permet de supporter les dépenses liées à l'éducation de l'enfant, versée chaque mois avant l'âge de 3 ans,
- le complément de libre choix du mode de garde, qui aide à engager des dépenses de garde de l'enfant, et consiste en une prise en charge partielle des frais de l'assistante maternelle agréée,
- la prestation partagée d'éducation de l'enfant (PreParE), distribuée lorsque les parents cessent ou réduisent leur activité professionnelle pour élever l'enfant, versée en fonction du nombre d'enfants à charge.

En cas de **grossesses multiples**, votre CAF peut financer des heures d'aides à domiciles à raison de 100 heures par enfant à utiliser sur une période de 6 mois. La PMI (Protection maternelle et infantile) de votre secteur peut être aussi d'une grande ressource en faisant venir une puéricultrice à votre domicile. Contactez-la dès votre grossesse, c'est un soutien à ne pas négliger !

En cas de grossesse difficile, on peut aussi avoir droit aux prestations d'une aide-ménagère, laquelle aide pourra être prolongée après l'accouchement, à raison de 100 heures sur 6 mois.

3.3. DES LIEUX DE SOUTIEN

Que ce soit avant, pendant ou après la naissance, c'est vous en tant que parents qui savez ce dont vous avez besoin. Une douleur, un doute, une difficulté, un sentiment d'isolement ? Quelle que soit votre question, faites-vous confiance et allez jusqu'au bout de votre démarche (aller aux urgences, appeler votre médecin, votre sage-femme, le professionnel qui vous suit) en écoutant vos ressentis. Faites-vous confiance ! Votre corps vous envoie des signaux qu'il est important d'écouter.

Fiche récap

LES STRUCTURES

—

Voici plusieurs structures qui existent certainement dans votre ville et sur lesquelles vous pouvez vous appuyer :

- Le service de protection maternelle et infantile (**PMI**) est un service départemental chargé d'assurer l'accès aux soins de la mère et de l'enfant. Le service de PMI organise notamment des consultations gratuites et des actions médico-sociales de prévention et de suivi pour les femmes enceintes, les parents et les enfants de moins de 6 ans, ainsi que des activités de planification familiale et d'éducation familiale. Il joue également un rôle essentiel en matière d'accueil des jeunes enfants : instruction des demandes d'agrément des assistantes maternelles, réalisation d'actions de formation ; surveillance et contrôle des assistantes maternelles ainsi que des établissements et services d'accueil des enfants de moins de 6 ans. Enfin, il participe aux actions de prévention et de prise en charge des mineurs en danger.
- Les **lieux d'accueil parent-enfant** (LAEP) créés par la CAF.
- **Soutien par TISF** (Technicien d'intervention social et familial). Il s'agit de professionnels intervenant dans le quotidien afin d'aider, soutenir et accompagner les familles. Vous retrouverez les coordonnées des association de TISF de votre departement facilement à la PMI ou sur internet. Il s'agit d'une aide precieuse pour les familles actuelles.

Il existe d'autres types de soutien :

- Le réseau d'écoute, d'appui et d'accompagnement des parents (**REAAP**)
- Le site de la **Société Marcé Francophone** répertorie les structures de soins spécialisées en périnatalité : **https://marce-francophone.fr**
- L'association **Maman blues** : **https://www.maman-blues.fr/**
- Allo parents-bébé : 0800.003.456, numéro vert gratuit et anonyme d'aide aux parents.
- Des « **tiers-lieux** » qui commencent à émerger un peu partout en France où le bébé et ses parents sont accueillis pour échanger avec d'autres familles, passer un temps ou encore participer à des ateliers !

Merci

Si devenir grand est un jeu d'enfant, écrire un livre n'en est pas un et encore moins à quatre ! Ensemble, nous avons avancé pas à pas, nous avons appris les unes des autres encore et toujours. C'est un long travail qui demande patience, humilité et rigueur. Après de longs mois de travail, nous y sommes arrivées grâce au soutien sans faille des personnes qui nous entourent de près !

Nos remerciements vont tout d'abord à nos familles respectives. Nos conjoints : Olivier, Guillaume, Maxime, Pierre-Antoine ainsi que nos enfants qui ont supporté nos heures de travail le soir, les week-ends et même la nuit ! Merci à eux de nous avoir épaulées, écoutées et encouragées tout au long de la rédaction de ce livre.

Nous remercions chaleureusement toute l'équipe d'Éveil & Conseil, Anna, Marion, Marie, Joana, Alexia, Emmanuelle, Violaine, Marion, Catherine qui nous a apporté un grand soutien et une relecture précieuse ! Merci à Amaury, qui est venu nous challenger et nous a fait entièrement confiance, ainsi qu'à Clémence, notre illustratrice qui sait si bien mettre en lumière nos propos et notre univers !

Enfin, nous souhaitons remercier toutes les familles que nous avons rencontrées qui nous ont appris beaucoup, et continuent de nous apprendre, sur la parentalité. Vous nous faites grandir tous les jours et nous espérons que la lecture de ce livre vous aura apporté l'information et les conseils dont vous avez besoin au quotidien !

N° éditeur DBSSI20210038

Achevé d'imprimer en janvier 2022 par Wilco aux Pays-Bas

N° d'impression : 365799

MIXTE
Papier issu de sources responsables
FSC® C004472